中國古代民族與人物史

讓皇帝含淚和親、歐洲人嚇到吃手手，

北狄、西戎、南蠻、東夷，超過 60 支剽悍民族超詳解！

趙惠玲——著

自戰國即對中原周圍各部族有詳細記載，他們驍勇善戰、殘忍好殺的形象深植人心，歷代皇帝三番兩次與之交手，未必都能占上風，甚至兩度大權旁落，交由外族來接管……

從先秦到清末，從中國至歐洲，

這些邊疆民族發揮的作用不容小覷，

一次大型掠奪與戰爭，都將重塑整部歐亞史！

目錄

◆第一章　古代民族

目錄

第二章　古代民族人物

目錄

第一章　古代民族

第一章　古代民族

蠻

先秦非華夏民族的泛稱之一，秦漢至魏晉南北朝為南方少數民族的泛稱。

先秦「蠻方」指狁，又稱鬼方，二國都在西北；「淮夷蠻貊」指東方民族，「百蠻」指北方民族，「蠻荊」則是指南方民族。春秋時楚境內已有不少以「蠻」自稱的民族。在春秋前期，楚大舉進攻蠻人，史稱楚武王「大啟群蠻」。楚莊王時，楚周邊民族乘楚大饑之際，「戎伐其西南，又伐其東南，庸人率群蠻以叛楚，麇人率百濮聚於選，將伐楚」，戎、蠻、百濮並稱，此「蠻」顯非泛稱。庸在今湖北竹山，且為群蠻之首，可能是蠻人建立的國家。在楚國的反攻下，庸人破滅，群蠻降楚，此後相當長時期不再見蠻的活動記錄。到戰國初期，吳起相楚悼王，南並蠻、越，遂有洞庭、蒼梧。蠻人長期居住的洞庭地區遂為楚攻占。到秦昭王時，白起攻滅楚國之後，「略取蠻夷，始置黔中郡」，又進一步進占了蠻人居住的湘鄂川黔地區。

秦漢蠻族以瓠、廩君、板三者最大。瓠蠻因以神犬瓠為圖騰而得名。秦漢時，居住在武陵郡（今湘西、黔東及鄂西南邊緣地區）、長沙郡（今湘中、湘南地區），故又稱「武陵蠻」或「長沙蠻」，其地有雄、辰、酉、武五溪，故又有「五溪蠻」之稱。瓠蠻在秦漢時部落分散，各有首領，漢王朝授予邑君、邑長稱號，頒賜印綬。蠻語稱首領曰精夫，族人相呼曰徒。多居山壑，從事粗放農業。能織木皮為布，以草實為染料。衣服五色斑斕，赤髀橫裙，以束髮。漢王朝對他們收取「布」（作為賦稅交納的布）之賦，大人每歲征布一匹，小口半匹。由於官府徭役失平，妄增租賦，瓠蠻屢起反抗，殺長吏，燒官府，終漢之世，連綿不斷。

廩君蠻為南蠻的一支。有五個氏族，其中巴氏首領務相，被推為五個氏族的共主，號為廩君，後遂以廩君為族名。相傳廩君死後，魂魄化為白虎，族人遂有崇拜白虎和以人祭虎的習俗。他們早期活動在夷水（今鄂西南清江）流域，後逐步發展到巴中、黔中一帶（略當今川東南、黔東北、鄂西、湘西地區），地當漢的南郡、巴郡，故又被稱為「巴郡南郡蠻」。秦滅巴蜀，巴氏仍世為廩君族君長，並娶秦女為妻，歲出賦錢兩千〇十六錢，三歲一出義賦千八百錢；民戶出布八丈二尺，雞羽三十。漢時仍依秦制。東漢時，由於官府「收稅不均」，廩君蠻曾多次起義反抗，部分族人被強制遷往江夏郡（今鄂東地區）。

板蠻分布在巴郡閬中（今四川閬中）一帶，沿渝水居住，喜好歌舞，英勇善戰。他們從事農業，長於狩獵。相傳秦昭王時，白虎為害，板人應募射殺白虎有功，秦官府與板人盟誓說：「頃田不租，十妻不算，傷人者論，殺人者得以錢贖死。」楚漢之際，板蠻從漢高祖還定三秦有功，免除部落首領羅、樸、督（昝）、鄂、度、夕、龔七姓不納租賦，余戶歲納「錢」（作為賦稅交納的錢）四十。因此，又有「白虎夷」、「白虎復夷」或「人」之稱。各部落首領分別被封為夷王、邑君、邑長。由於板蠻善戰，東漢王朝常徵調他們從軍，屢立戰功。當時西羌數寇漢中，都靠板軍擊敗之，號為神兵。但官府對他們「更賦至重，僕役楚，過於奴虜」。板人「愁於賦役，困於酷刑」，也多次邑落相聚，奮起反抗。靈帝中平五年舉行起義，與巴郡黃巾起義相呼應。後來大量板人還成為五斗米道的信奉者。

在川東、川西以及鄂西南、湘西等地，經考古發現，出土了不少在形制、紋飾上具有濃厚地方特點的青銅器物，如虎鈕錞於、空首錢、柳葉形短劍等，其上有手紋、心紋、虎紋，這些器物多出於獨木舟式的葬具之內。學術界一般認為，這些銅器和「船棺葬」是秦漢時期廩君蠻和板蠻的遺物，遺物表明了當時蠻人的農業和手工業生產水準。魏晉南北朝蠻族是由秦漢時期瓠、廩君、板三支發展而來，但在活動範圍上有較大的變化。

居住湘中、湘西的瓠族，魏晉時始向北、向東發展。南北朝時，依託險阻，部落眾多，散在數州。自永嘉亂後，中原擾攘，宛（今河南南陽）、洛（今河南洛陽）蕭條，諸蠻無所顧慮，漸得北遷，以至陸渾（今河南方山）以南滿於山谷。干寶《晉記》載，廬江郡（今安徽舒城）有瓠之後，糅雜魚肉，置於槽中，叩之號叫，以祭瓠。《宋書．夷蠻傳》載，瓠族大量分布在鄂西及豫西南，名號眾多，如荊雍蠻、五溪蠻、當陽蠻等。

在廣闊的瓠族分布區及其附近，居住著不少廩君族和板族後裔。東漢初被遷至漢水中游的一支廩君族，晉宋時發展為沔中蠻。另一支被遷到鄂東地區的，稱豫州蠻或五水蠻，分布在鄂、皖、豫邊境的蘄水、巴水、希水、赤亭水、西歸水一帶，北接淮、汝，南極江、漢，地方數千里。向北發展居住在東荊州（今河南泌陽）的廩君族人，到五世紀中葉還保留著殺人祭祀的習俗。

東漢末年，張魯在漢中傳播五斗米道，川北的板族人多信從之，大量遷到漢中。曹操平張魯，李虎、杜、樸胡、袁約、楊車、李黑等為首的板族人被遷到略陽（今甘肅天水東北），號為巴人或巴氐。這支巴人後與六郡流入輾轉入蜀，發動起義，推翻了晉朝在益州的統治，李特子李雄於晉惠帝永安元年建立成漢政權。另部分被曹操內遷關中的板族多達萬餘家，其後人口蕃衍，北至河東、平陽（今晉中、晉南）也有分布。晉元帝太興三年巴酋勾渠知曾在關中聯合氐、羌、羯等各族共三十萬人，反抗劉曜統治。早在漢初就已遷居商洛地區（陝東南）的板族人，在南北朝時期沿丹水、沔水向東南發展，到六世紀時，已分布在「北至商洛、南拒江淮，東西二千餘里」的土地上，而且還部分地保持著他們的固有習俗。成漢後期，柯、興古（今雲貴東部）僚人大量北遷入蜀，部分沿嘉陵江北上，給留居川北地區的板族人以巨大的衝擊。南北朝後期，北魏勢力南入四川，建立巴州（今四川巴中），以巴酋嚴始欣為刺史以統僚人。

進入江、淮、汝、漢地區的各族蠻人，地處南北朝之間，他們利用南北對立的矛盾，時或降南，時或附北，因而能延續活動相當長的時期。南朝在蠻人集中的地區設置「左郡」、「左縣」，以蠻人首領任令長、太守甚或刺史，進行羈縻。而在荊州置南蠻校尉、雍州置寧蠻校尉，統管蠻事。歸附的蠻人，一戶輸谷數斛，其餘無雜調。而漢人賦役嚴苦，貧者多逃亡入蠻，有的還成了首領，如桓誕。但各地蠻人仍不免於官府的迫害，他們反抗官府的起義鬥爭史不絕書。南北王朝都殘酷鎮壓這些反抗鬥爭，且常常把俘虜和降蠻大量遷徙到河內諸州、六鎮或建康，有的還被抑為營戶，或賞賜給官僚為奴婢。

南北朝是蠻族與其他民族相互融合的重要時期。《隋書．地理志》載：今整個湖北和豫、皖、贛、湘部分地區，當時多雜蠻族。與漢人雜居者，和漢人沒有區別；地處山谷者，則言語不通，嗜好、居處全異。大概留居今清江流域的廩君族和湘西、湘南的瓠族仍保持其民族特點，其餘地區則已漸與漢族融合。

東徙皖、贛的瓠族，除部分與漢族融合外，也融合了部分山越的後裔，從而逐步形成後世畲族和瑤族的先民。宋武帝時的南康、揭陽蠻（今贛南、粵東地區）就是畲族先民，蕭梁時衡陽、零陵（今湘南）的「莫傜」蠻就是瑤族先民。晉宋時活動在巴東、建平（今四川奉節、巫山一帶）的瓠族不斷向川東發展，大概和原居此地的蜒人有所融合，所以被稱為「蠻蜒」，他們與後世川東南地區的少數民族有密切關係。

羌

狹義為中國古代西部民族名稱，廣義為中國古代西部游牧民族泛稱。相傳商初羌人已向商朝稱臣納貢。殷甲骨卜辭中有「羌方」，是商西強國，常遭到商人的征討。卜辭中有役使「羌」或「多羌」以及大量以「羌」為祭祀人牲的記載。有的學者認為這些卜辭所說的「羌」是泛指商人俘獲的西部各族人。商末，羌人曾參加周武王伐紂的戰爭。

羌人是古代戎人中的一部分。《國語．周語》載西周宣王時有「羌氏之戎」，勢力強大，曾敗王師。姜戎中有申戎，後與犬戎等共滅西周，殺幽王。《左傳》載有「姜戎氏」，春秋前期入居豫西，其俗被髮，與羌同。「姜」、「羌」二字古相通，學者多以此姜戎即羌人。據說這支戎人是被晉惠公自「瓜州」招引到晉南，把原來是「狐狸所居，豺狼所嗥」之地，開墾出來，雖然當時還是「衣服飲食不與華同，贄幣不通，言語不達」，但已進入農耕定居生活。晉國在爭霸戰爭中曾多次得到這支戎人的支助。他們後來都與華夏族融合了。

戰國時在今甘肅東部、寧夏南部有義渠之戎，其俗火葬，學者多以為即羌人。他們「築城數十，自稱王」，與華夏諸侯國有交往，常與秦爭戰，互有勝負。在戰國後期朝服於秦，後為秦昭王所滅，設置隴西、北地等五郡。戰國初期，居住在河湟地區的那部分羌人，還處在較落後階段，所居無常，依隨水草，地少五穀；氏族無定，或以父名母姓為種號；「不立君臣，無相長一，強則分種為酋豪，弱則為人附落，更相抄暴，以力為雄；殺人償死，無它禁令」；以戰死為吉利，病終為不祥。有戎人無弋、爰劍者為之豪，「教之田畜，遂見敬信，廬落種人依之者日益眾」，稱雄於河湟之間。爰劍子孫世為酋豪。到爰劍曾孫忍時，秦獻公初立，向西發展。忍叔父卬畏秦之威，率種人西南遷。其後子孫分散，便是漢代居住在今甘肅、川西的氂牛、白馬、參狼諸羌。忍及弟舞留居湟中，忍生九子為九種，舞生十七子為十七種，羌逐漸興起。到爰劍五世孫研時，羌武力最強，乃以研為種號；至十三世孫燒當又極豪健，子孫乃更號燒當。

漢初，匈奴強大，羌人服屬於匈奴，一部分請求內遷，漢景帝劉啟允許研種留何率族人遷於隴西郡的狄道（今甘肅臨洮）、安故（今甘肅臨洮南）、臨洮（今甘肅岷縣）、氐道（今甘肅西和西北）、羌道（今甘肅岷縣南）。漢武帝劉徹為了反擊匈奴侵擾，開闢河西四郡，隔斷了羌與匈奴的連繫，並派軍隊進入湟中，在今甘肅永登築令居塞；後又在湟水流域置縣，始設護羌校尉，總轄羌中事務。昭帝時，又置金城郡，轄地西及湟源，南至夏河。神爵元年，因官吏濫殺羌民，諸羌怨怒，遂反。漢宣帝劉詢使趙充國往討，充國以招撫為主，儘量少殺伐，羌人陸續歸降。乃在臨羌至浩亹沿湟水屯田。其後，繼續進行軍屯和移民墾種，且興水利、修道路、繕城郭。神爵二年，宣帝設金城屬國以處降羌。這些措施促進了羌族地區的發展和羌、漢兩族的融合。羌族畜牧業發達，農業也有些發展，「羌田」、「羌麥」屢見記載。羌人以畜產與漢人交換糧、布及手工業製品，與西域、西南夷亦有貿易往來。

元帝開始元年，王莽遣使多持金幣招誘塞外羌人獻地內屬，乃置西海郡。漢光武帝劉秀即位後，多次內徙歸附羌人，例如建武十一年徙先零羌於天水、隴西、扶風三郡。明帝水平元年，又徙燒當羌七千餘口於三輔（今陝西中部）。散布在內地的羌人稱為東羌，深受地方官吏和豪強的壓榨奴役，生活悲慘；留居河湟地區的西羌則受護羌校尉、邊郡都尉等欺凌濫殺，亦不得相安。羌人持續不斷地進行反抗，成為東漢王朝後期極大的禍患。羌人大規模的起義共有三次：第一次始於安帝永初元年，延續十多年；第二次始於順帝永和元年，歷時十年；第三次始於桓帝延熹二年，也歷時十年，前後綿延達六十年。羌人的反抗與擾亂有時深入到河東、河內、蜀郡各地。其間，東漢政府對他們進行了殘酷鎮壓；一些羌族豪強亦乘機殘破州郡，殺掠人民；漢羌人民均深受其害。羌人起義最後雖被東漢政府鎮壓下去，但東漢王朝也因此財力、物力大為削弱，構成東漢社會經濟衰敗的原因之一。

三國時，河西諸羌和武都、陰平的羌部分別降屬魏、蜀。魏、蜀相互攻伐，都徵召羌軍參加作戰，許多羌人遷入了隴、蜀、秦、雍之地。西晉時，雜居關中的羌人為數甚眾，多成為地主官僚的佃客、奴婢，備受壓迫欺凌，怨恨很深。惠帝元康六年，馮翊、北地兩郡之馬蘭羌與匈奴人一起造反；不久，秦、雍羌人與氐人俱反，推氐帥齊萬年為帝，有眾七萬，大敗晉軍於六陌（今陝西乾縣東北），至元康九年才被平定。於是江統上《徙戎論》，請徙馮翊、北地、新平、安定諸郡羌人於河湟，以免腹心之患，但未被採納。懷帝永嘉中，南安郡燒當羌人姚弋仲東遷扶風境，從者數萬。後其子姚萇叛前秦自立，建後秦國。魏晉南北朝時期，入居內地的羌人與漢族雜居，經營農業，逐漸融合於漢族。唐代，党項羌從青海遷夏州等地，至宋代建立了西夏國，後亡於蒙古。元代，他們大部分也與漢族融合。居住在岷江上游的羌人部落（漢時稱冉、），自漢以來多歸屬中原王朝管轄，其中大部分漸同化於漢族和藏族，一部分得以保存下來，形成今天的羌族。

匈奴

中國古代北方游牧部族。又稱胡。其名始見於戰國文獻。起源不明，或以為即周代典籍中所見狁、薰粥之後。其族屬和語言系屬有蒙古、突厥、伊朗諸說，迄今尚無定論。匈奴人沒有文字，以言語為約束。

政治組織與社會經濟

匈奴人以畜牧為主，畜有羊、牛、馬、騾、驢和駱駝等。馬最受重視，為戰鬥、運輸、貿易和日常生活所必需。畜產歸私人所有，各部落牧地則為各該部落牧民所共有。匈奴人住氈帳（古曰穹廬），食肉、飲奶及馬奶酒，衣皮革，過著逐水草遷徙的生活。

匈奴貴族亦居住漢式宮殿，這些宮殿可能成於漢工匠之手。匈奴人會銅胡人俑建造軍用的壁壘、城堡等；有車、船，能築路、架橋。匈奴治銅業發達，能鑄刀、劍、斧、鏃和馬具等；冶鐵和製陶也有一定的規模。

匈奴的社會組織以部落聯盟為主，聯盟的首領稱為「單于」。西元前三世紀末以後，匈奴征服鄰近各族，統一蒙古高原，游牧的國家政權機構逐步形成。單于以下，高級官吏依次有左、右賢王，左、右谷蠡王，左、右大將，左、右大都尉，左、右大當戶等，主管軍政，均由單于子弟、本部落貴族擔任，皆世襲。此外，有左、右骨都侯等，輔佐政務、斷獄聽訟，一般由異姓貴族擔任。

匈奴由許多部落構成，各部落包含若干氏族，著名的如孿氏、呼衍氏、蘭氏、須卜氏、丘林氏、韓氏、郎氏等。孿氏最貴，單于皆出此族。或父死子繼，或兄終弟及。其餘有呼衍、蘭、須卜、丘林四族亦貴，世與單于聯姻。凡廢立、和戰、祭祀等大事，均由各部貴人會議決定。

匈奴有不成文法，盜竊者沒其財產，大罪死，小罪軋；監禁最長不出十天，一國的囚犯不超過十人。

匈奴人朝拜日，夕拜月；月滿進軍，月缺退兵；戰場上能斬得敵首的，賜酒一杯。

凡有掠獲，皆歸己有，以俘虜為奴婢。打仗時能運回死者屍體的，可得死者全部家財。匈奴絕大部分是騎兵，男子少壯能挽弓者均在編內。

匈奴行族外婚；父兄死，妻後母，報寡嫂。匈奴人土葬，死者頭部朝東。貴族皆深葬，棺槨多達三重。單于死，金銀、衣裘隨葬之外，近幸臣妾從死者多達數十百人。

匈奴於每年正月，小會單于庭，祭祠。五月，大會龍城（今蒙古鄂爾渾河西側和碩柴達木湖附近），祭祖先、天地、鬼神。秋日馬肥，大會林，檢點人畜。南匈奴降漢後，仍有三龍祠，常以正月、五月、九月戊日祭天神。

秦及漢初時期

秦初，匈奴分布在陰山南北地區。秦始皇三十三年，使蒙恬率軍三十萬往擊，奪取河南地（今內蒙古河套一帶），重置九原郡（治今內蒙古包頭市西），連接秦、趙、燕舊日長城並重加修築，西起臨洮（今甘肅鎮原南），東至碣石（今河北昌黎北）。三十六年，又遷三萬戶墾殖北河（今內蒙古杭錦旗一帶）、榆中（今河套東部），以防匈奴南下入侵。

秦二世元年，匈奴頭曼單于乘中原動盪之機，收復河南地；至其子冒頓單于殺父自立時，漢匈奴歸義京議長印匈奴已有控弦之士三十萬，遂西破月氏，東擊東胡，北服丁零，南並樓煩、白羊；並乘楚漢相爭之隙，屢犯燕（今河北北部）、代（今河北尉縣一帶）。

漢高帝七年，匈奴兵圍馬邑（今山西朔縣），南擾太原（今山西太原西南）；漢高祖劉邦親率軍三十餘萬出擊，至平城白登山（今山西大同東北），遇伏被困，不得已使劉敬往結「和親」之約，以公主嫁單于，歲奉貢獻，並開關市與之交易。

約前一七七或前一七六年，匈奴西進，再次擊敗月氏，迫使月氏向西北潰退至伊犁河流域；接著又征服烏孫、呼揭，以及樓蘭等塔里木盆地綠洲諸小國。其西部日逐王在西域北道焉耆、危須與尉犁之間置「僮僕都尉」，控制商道，榨取財富。老上單于在位時，又大敗月氏，殺其王，以其頭為飲器。此後，匈奴又令烏孫進攻月氏，月氏再西遷至水（今阿姆河）流域，烏孫遂據有伊犁河流域。

匈奴與漢雖結和親，然恃其強盛，仍不斷侵擾長城以南地區，匈奴騎兵曾一度燒毀回中宮（在今陝西隴縣），前鋒直指長安甘泉（在今陝西淳化西北）。

漢武帝至王莽時期

西漢王朝經過六十餘年休養生息，國力漸充，漢武帝劉徹即位之初便立志北伐。元光六年，漢兵自上谷（今河北懷來東南）、代郡、雲中（今內蒙古和林格爾）、雁門（今山西右玉西北）四道並出，擊匈奴於長城下。元朔二年，漢將衛青取河套以南，置朔方（今內蒙古杭錦旗北）、五原（今內蒙古包頭西北）二郡，徙民十萬以實之。元狩二年，漢將霍去病出隴西，攻克焉支（今甘肅永昌西、山丹東南）、祁連二山；匈奴渾邪王殺休屠王，率部眾四萬餘歸漢，漢在兩王故地先後設酒泉（今甘肅酒泉）、武威（今甘肅民勤東北）、張掖（今甘肅張掖西北）、敦煌（今甘肅敦煌西）四郡；從此自河西走廊至羅布泊一帶無匈奴，匈奴與西羌的連繫斷絕。元狩四年，衛青、霍去病率步、騎兵數十萬分兩道並出，夾擊匈奴於漠北。漢軍大勝，封狼居胥山而還。同時，武帝遣張騫等出使西域，約結月氏，聯姻烏孫，力圖斷匈奴右臂。嗣後，匈奴與漢反覆爭奪西域門戶樓蘭、車師等地，前後凡二十餘年。宣帝本始元年，匈奴擊烏孫不利，衰兆已現。丁零、烏孫、烏桓等各乘虛攻擊，其勢益弱。神爵二年，日逐王降漢，漢得車師，西域始暢通；漢命鄭吉為西域都護，西域諸國多屬都護管轄，從此匈奴僮僕都尉不復存在。

不久，匈奴統治集團內訌，五單于爭立。宣帝五鳳元年，終於分裂為東、西兩部。東部呼韓邪單于於甘露三年降漢，覲見漢宣帝劉詢。西部郅支單于西遷至康居住地，役使近旁烏孫、呼揭、丁零諸小國；元帝建昭三年被漢將陳湯等擊殺於楚河上。郅支既滅，呼韓邪於竟寧元年再次朝漢。元帝以後宮良家子王嬙（昭君）嫁呼韓邪，號「寧胡閼氏」。從此匈奴不斷朝漢，並遣子入侍，和平相處凡四十餘年。王莽執政，降低對單于的待遇，阻止烏桓等向匈奴納稅，於是匈奴重又入侵。一度北邊空虛，不斷為匈奴所蹂躪。

東漢、魏晉時期

光武帝之初，漢與匈奴關係仍未好轉。後因塞北連遭饑旱，又受烏桓等攻擊，匈奴疲憊已極，內訌又起，日逐王比於建武二十四年自立，亦號呼韓邪單于，率漠南八部歸降於漢。匈奴遂分裂為南北兩部。

南匈奴部眾駐牧於漢北邊五原、雲中、定襄（治今內蒙古和林格爾西北）、朔方、雁門、上谷、代、北地（治今甘肅慶陽西北）八郡之內；漢對於南匈奴歲賜豐厚，且於建武二十六年設「使匈奴中郎將」以監護之。明帝以後，更設度遼營於五原曼柏（今內蒙古達拉特旗），置度遼將軍，協助南匈奴單于抵抗北匈奴來侵和鎮壓族人的叛亂。此後，南匈奴或降或叛，然節節南徙。一四〇年代多數集中於并州中部汾河流域一帶。東漢末，曹操怕匈奴勢力蔓延，始限制其居住地區，分其部眾為左、右、南、北、中五部，並採取分化政策，使上層貴族與部眾脫離。此後南匈奴單于僅有虛名，王侯降同編戶，部分匈奴牧民逐步淪為漢族地主的農奴。西晉末，匈奴屠各氏貴族劉淵趁八王之亂據有并州，建立「漢」政權，後其族子劉曜為帝時，改國號為「趙」，前後立國二十六年。東晉末，鐵弗部匈奴人赫連勃勃建立「夏」政權，立國二十五年而亡。南北朝後期，匈奴之名逐漸消失。

明帝永平十六年，漢將竇固、耿忠出酒泉塞，擊敗北匈奴呼衍王，追蹤直至蒲類海（今新疆巴里坤湖），置宜禾都尉，屯田伊吾（今新疆哈密）。次年，竇固、耿忠又合兵擊平車師前、後王，重置西域都護，切斷北匈奴與西域的連繫。北匈奴困窘，諸部南下歸漢者逐年增多。和帝永元元年，漢將竇憲、耿秉等得南匈奴之助，又大敗北匈奴，逐北三千里，登燕然山（今蒙古杭愛山），刻石記功而還。永元二年、三年，漢軍又連續大破匈奴，斬獲甚眾，單于遁逃，漢軍出塞五千里始還。此後，由於鮮卑興起，占有匈奴故地，北匈奴部分投漢，部分歸降鮮卑。其餘殘眾或降或叛，出沒於天山南北，繼續與漢爭奪對西域的控制權，屢為邊患。其蹤跡直至二世紀中葉才不見於記載。或以為歐洲史上的匈人即西遷的北匈奴，但未有確證。

近年來，從匈奴貴族墓中出土了不少青銅器，如兵器、馬具等，上面的動物紋飾高度寫實，栩栩如生，與中亞、南俄等地游牧部族中流行者相類似，或以為這是匈奴人與自西向東擴展的斯基泰（Scythai）文化相接觸的結果。另外，透過戰爭、和親和關市，匈奴大量地接受了漢文化的影響。匈奴人墓葬中有許多漢式絲綢服裝、銅鏡、馬具、漆器等，均是明證。同時，漢經濟文化也受惠於匈奴，當時養馬業的發達，就與匈奴馬匹的輸入有關，騎兵的訓練與相關戰術的進步也受到匈奴的影響，足見匈奴在東西經濟、文化交流中發揮過一定的作用。

鮮卑

中國古代北方游牧部族之一。最初與烏桓同為東胡部落，言語、習俗與烏桓同。其族屬和語言系屬有蒙古、突厥、通古斯諸說，迄無定論。西元前三世紀末，匈奴破東胡後，遷至遼東塞外鮮卑山，遂以山名為族號。漢武帝時，烏桓降漢，南移至老哈河流域，鮮卑亦向西南推進，居住在今西拉木倫河流域。

鮮卑人的經濟生活以畜牧為主，特產有野馬、羊、角端牛等；端牛角可制勁弓，稱角端弓；又產貂、豽、鼲子，毛皮柔軟，為天下名裘。鮮卑的社會組織大致與烏桓同。若干邑落組成部，部與邑落各有大人與小帥為首領，均由選舉產生。違大人言，處死罪。但可以牛羊贖。鮮卑人每年春季大會於饒樂水（今內蒙古西拉木倫河），嫁女娶婦、髡頭宴飲。

近年來，在內蒙古地區發現了鮮卑早期墓群。其中，在呼倫貝爾盟陳巴爾虎旗完工發現的墓群，還保持著家族叢葬的制度，尚可見到埋殉完整馬匹的風俗。隨葬品以骨器為主，亦有手製陶器、銅器。三個袋形足的陶鬲，說明了該地與黃河流域文化的悠久連繫。銅製的小型飾具上，則可見到匈奴的影響。而在新巴爾虎右旗札賚諾爾發現的墓群，單人葬已較普遍地取代了叢葬，整體殉牲不再採用，僅以頭和蹄為象徵。陶器、銅器的種類也增多了。這些墓葬反映了鮮卑人原始社會末期的情況。

匈奴擊潰東胡後，鮮卑和烏桓均役屬於匈奴。西漢一代，鮮卑與漢未嘗通使。東漢建武十七年前，鮮卑與匈奴、烏桓連和，屢犯塞。二十一年，又與匈奴分兵侵北邊，匈奴寇上谷、中山，鮮卑寇遼東。漢遼東太守祭彤允許鮮卑互市，進行分化。後南匈奴附漢，北匈奴孤弱，鮮卑才開始與漢直接通使。二十五年，鮮卑大人偏何至遼東歸附，祭彤使擊匈奴左伊育訾部，從此鮮卑、匈奴交惡。祭彤又嗾使鮮卑攻烏桓，明帝永平元年，偏何克赤山烏桓，斬其大人歆志賁，於是鮮卑大人皆來附漢，受漢賞賜。明帝、章帝二世保塞無事。

章帝元和二年，鮮卑乘北匈奴衰弱之機，與丁零、南匈奴及西域各國圍攻北匈奴。元和四年，鮮卑攻入北匈奴左地，斬優留單于。和帝永元元年至三年間，北匈奴遷出蒙古草原，西徙烏孫之地，鮮卑遂占領匈奴故地。殘留匈奴共十萬餘落皆改稱鮮卑，鮮卑之勢日盛。安帝時，塞外鮮卑為了與漢互市，向遼東、遼西、代、上谷四郡塞內移動，與原居該處的烏桓雜居，時有糾紛，並劫掠鄰近各族。漢於是聯南匈奴、烏桓攻擊鮮卑，故漢與鮮卑長期不睦。鄧太后曾綏撫其大人，通關市，猶不能相安，屢為邊害。

二世紀中，檀石槐被推舉為大人，設庭於高柳（今山西陽高）北三百餘里的彈汗山仇水上，兵強馬壯，東、西部大人皆歸附之。桓帝時，檀石槐北拒丁零，南抄緣邊，東卻夫餘，西擊烏孫，盡有匈奴故地，「東西萬四千餘里，南北七千餘里」。其勢力範圍幾乎包括了整個蒙古草原，各部均入其轄下，實力強大。延熹九年，鮮卑招結南匈奴、烏桓、羌、氐入寇沿邊諸郡，殺掠吏民；漢軍反擊，烏桓、匈奴等皆降，獨鮮卑出塞遠走。桓帝因鮮卑難以制服，寇抄滋甚，遣使封檀石槐為王，欲與和親，遭到拒絕。

靈帝即位後，自建寧元年至熹平五年間，鮮卑六寇并州，四寇幽州，一寇涼州。六年，又三寇三邊。光和元年又寇酒泉。漢軍反擊，不勝，死傷慘重。不久，檀石槐死，其子和連代立，才力不如其父，失眾望，西部鮮卑相率叛去，漠南自雲中郡以東分裂為三部，一為步度根集團，占有雲中、雁門、北地、代、太原等地；一為軻比能集團，踞有高柳以東的代郡、上谷郡邊塞內外各地；一為遼西、右北平、漁陽塞外的素利、彌加等小集團。東漢末，軻比能集團漸強；大批漢人逃亡歸之，教其製作兵器鎧盾、習學漢文，乃仿漢制統御部眾。獻帝延康元年，遣使獻馬，曹丕封之為附義王。

曹魏初，軻比能以遣返逃亡漢人及文吏傕驅牛馬為互市結好於魏，漸次兼併了步度根集團和東部鮮卑，自雲中、五原，東抵遼河，皆為所據。魏明帝時，軻比能先後兩次大敗魏軍，又出兵響應諸葛亮攻魏，於是青龍三年，魏遣刺客將他暗殺，鮮卑部落聯盟再度瓦解。其後，東部鮮卑有慕容部、段部、宇文部和拓跋部稍強。慕容部居昌黎郡地，其首領曾從司馬懿攻公孫淵，魏封率義王；晉武帝時，首領慕容遣使歸降。慕容鮮卑一支移居青海，統治了當地羌人等族，建立吐谷渾國。段部居遼西郡地，亦臣屬於晉，晉封其首領為遼西郡公。宇文部分布於濡源（今灤河上源）以東，柳城（今遼寧朝陽西南）以西。拓跋鮮卑興起於西部，降服了濡源以西直至五原的諸部落，建都於盛樂

（今內蒙古和林格爾縣北），其首領力微遣太子人魏朝聘，長期留居洛陽達十七年；晉懷帝時，首領猗盧受晉封為大單于、代公。

東晉初，慕容部兼併宇文部和段部，建立前燕；前燕亡後，進入中原的慕容部貴族又建立過後燕、西燕、南燕等國。東晉孝武帝太元元年，拓跋鮮卑的代國被苻堅所滅，十一年，拓跋復國，並改國號為魏（北魏）。其後，鮮卑乞伏氏建立西秦，禿髮氏建立南涼。這個時期，尤其是北魏統治的一個半世紀中，鮮卑族進一步吸收漢文化，漸與漢人融合，到隋唐時，作為一個民族實體已不復存在。

氐

中國古代西部地區的民族之一。氐與羌關係密切，《詩經》中已經氐羌連稱。漢代，氐人居於隴西、天水、廣漢、武都等郡，相當今甘肅東南、陝西西南、苻堅統一北方戰爭示意圖四川西北地區。各部自有豪帥，不相統一。漢政府向西和西南開拓，氐人部分內屬，部分移居深山。其後，部落豪帥多受兩漢政府拜封，統屬於郡縣。

群氐支系眾多，各有稱號。其中以白馬氐最為強大，居於仇池（今甘肅成縣仇池山）。漢武帝劉徹於元鼎六年拓氐人之地，設武都郡；元封前秦名臣王猛像三年討氐人，徙部分氐人於酒泉。仇池山勢險要，氐族豪帥常據之以自固。昭帝元鳳元年，武都氐人反，漢遣馬適建、韓增、田廣明等往擊平之。東漢末，興國氐王阿貴、百頃氐王千萬，各擁部落，建安中為曹操所破。後曹操恐劉備取武都氐以進逼關中，乃遷其人五萬餘落於扶風、天水等郡。曹魏初，又有武都氐部歸附內徙。西晉時，雜居於雍、秦二州諸郡的氐人，受到沉重的賦役剝削和官吏、地主的欺侮奴役。惠帝元康六年，二州氐人與羌人齊反，立氐帥齊萬年為帝，至元康九年始被鎮壓。東晉十六國時期，略陽臨渭氐帥苻健建立的前秦，當苻堅在位時，曾統一北方，成為最強盛的政權；前秦名將、略陽氐人呂光建立了後涼政權。仇池氐人首領楊氏，亦於西晉末稱王，世代統治武都之地，直至被隋文帝統一。

氐人早在春秋戰國以來就定居生活，「板屋土牆」，從事農耕。至漢代，農業和紡織都達到較高的水平。除穀類外，多麻，產馬、牛、羊、漆、蜜。

氐人有自己的語言、習俗，因服色不同，而被稱作「青氐」、「白氐」；其自稱則為「盍稚」。氐人受羌、漢兩族的影響，語言、嫁娶與羌相類；姓氏、袍服則與漢相類，且通漢語。統屬郡縣後，長期與漢族錯居，差別日益縮小。

奚

中國古代北方民族之一。原為東部鮮卑宇文部的一支（或稱匈奴別種），北魏時稱庫莫奚，居地在弱洛水（今內蒙古西拉木倫河南）、吐護真水（今內蒙古老哈河）流域，東北與契丹為鄰。以畜牧射獵為生，冬夏遷徙，居氈帳，環車為營。登國三年，被北魏攻掠，後入貢於北魏。隋時略稱為奚，分五部（辱紇玉、莫賀弗、契、木昆、室得），各有首領一人，號俟斤。阿會氏最強，諸部皆歸之。初臣屬突厥，突厥人稱之為Tatabi。大業中遣使入隋朝貢。貞觀二十二年，奚臣屬唐朝，唐以其地置饒樂都督府，以其首領為都督，賜姓李。下置羈縻州九個，亦各以其部落首領為刺史。萬歲通天元年，與契丹背唐附後突厥。開元三年，復來附唐，唐封其首領李大為饒樂郡王，復為饒樂都督，隸營州都督府，以宗室甥女辛氏為固安公主，妻之。西元七二〇年，大與契丹戰，死。其弟魯蘇繼位，襲爵饒樂郡王，唐復以甥女韋氏為東光公主，妻之。七二六年，改封奉誠郡王。七三五年，改饒樂都督府為奉誠都督府。奚所屬各部並不統一，與唐的關係也背附不常。自唐至德之後，河北地區為藩鎮所據，雙方關係甚為和好，每歲常遣數百人至幽州，亦從中選三五十人至長安朝貢，實際是進行貿易，保持密切的經濟文化交流。唐末，奚部勢力漸漸衰落，奚之一部西遷媯州（今河北懷來），於是形成「東奚」和「西奚」。與此同時，契丹勢力崛起，不斷侵掠奚地，俘掠人戶。唐天三年十一月，奚部被契丹最後征服。

遼建國後，仍保存奚為遙里、伯德、奧里、梅只、楚里五部，號「五部奚」，部設節度使監領。天贊二年，又收合流散及隱了組成墮瑰部，合稱「六部奚」。遼太祖仍保持奚王名號，在朝中置奚王府。遼太宗時，奚王府設宰相、常袞。遼把戰爭中擄掠的一部分人口，遷徙到奚地。於是奚六部地也雜有漢人和其他民族。奚王府官職設有奚六部漢軍詳穩，大約就是管理漢人軍隊的官員。遼聖宗時，一度廢奚王府，又將奧里、墮瑰、梅只三部合而為一，另將二各分為部，以足六部之數。奚王牙帳故地在土河（即吐護真水）上游，聖宗於此建中京（今內蒙古寧城西大名城）。

遼時奚人一般隨契丹後族，以蕭為姓。奚族與契丹言語相通。最初從事畜牧業，唐時已有農業耕作。遼代奚人的農、牧、獵、手工業都有較大的發展。據王曾《行程錄》記載：奚人既「草庵板屋，亦務耕種」，從事農業生產，也從事畜牧業，「畜牧牛馬橐駝，尤多青羊、黃豕」，還「挈車帳逐水草射獵」，從事畋獵。奚人手工業有礦冶、鍛鐵、造車、製造兵器、編織荊籮等。

遼天祚帝時，女真攻遼。金天輔六年，金兵攻北安州（今河北承德西），奚王蕭霞末降。不久奚部節度使訛里剌也以本部降金。次年，奚王蕭（回離保）在箭苛山號奚國皇帝，改元天復，分司建官。蕭立國八月，敗亡。金太祖完顏先後平定了奚族的反抗，以女真貴族完顏昌撻懶為奚六部軍帥統治奚人。奚部在金朝被編入猛安謀克。其後，逐漸與女真、漢族融合。

回鶻

中國古代北方與西北操突厥語的民族之一；亦為建立於漠北的游牧汗國名。北魏時為高車或鐵勒諸部之一，作袁紇，隋代作韋紇及烏護，唐初名回（鶻）紇，又作烏紇，西元七八八年更名為回鶻。袁紇、韋紇、烏紇、回紇當是 Uiγur 的對音，今譯維吾爾，在這一點上學者無大分歧；至於烏護，有的學者認為係指烏古斯而言。關於烏古斯，這是民族史上的一個極為複雜的問題，特別是八世紀中葉突厥魯尼字體碑銘中的「九姓烏古斯」、十世紀以後穆斯林地理文獻中的「九姓古斯」與漢文文獻中先後出現的「九姓鐵勒」、「九姓回鶻」是怎樣一種對應關係，學者目前仍在探討中。

回紇汗國的興衰

回紇傳說中的祖先為卜可汗。高車初期六姓之一的袁紇，頗為強盛，與其他部落一起南遷漠南，眾至數萬或數十萬，畜牧蕃息，漸知農耕。後其首領樹者率眾叛北魏而復北徙。繼而樹者復降北魏。唐代文獻記載，隋代到唐初，回紇的住地在娑陵水（今色楞格河）側，位於同屬鐵勒的薛延陀部之北。當時回紇與薛延陀、僕骨（僕固）、同羅、契等鐵勒諸部同役屬於突厥，但時服時叛。隋末唐初，時健俟斤被推為回紇部君長，但回紇的真正興起是在時健俟斤子菩薩為第二代君長時期。西元六一七年前後，菩薩與薛延陀併力大破東突厥，聲勢大振。唐貞觀四年，唐擒東突厥頡利可汗，東突厥前汗國亡，漠北唯回紇與薛延陀最強。回紇曾服屬於薛延陀。西元六四六年，回紇與鐵勒其他部落共同助唐破滅薛延陀，並其部落，奄有其地，自回紇以南設置郵遞，通管漠北。西元六四七年（一說六四八年），唐於鐵勒諸部之地設羈縻州府，回紇部為瀚海都督府，其俟利發吐迷度雖然自號為可汗，但受唐冊封為瀚海都督，屬唐之燕然都護府管轄。吐迷度之後六代，君長皆受唐都督稱號，統治回紇部。

回紇汗國的建立

西元六八二年，東突厥後汗國興起。回紇君長承宗因受壓迫而與契、渾、思結等鐵勒四部遷往甘（今甘肅張掖）、涼（今甘肅武威）之間，在河西走廊居留到西元七二七年，回紇等四部在河西居住四十餘年，受中原文化影響不小；原留漠北的回紇餘眾此時則為後突厥役屬。七四〇年代初，東突厥後汗國內亂，西元七四二年回紇、葛邏祿、拔悉密等起而攻殺後突厥烏蘇米施可汗，共推拔悉密部君長為頡跌伊施可汗，回紇與葛邏祿的君長自為左、右葉護。西元七四四年，回紇君長骨力裴羅與葛邏祿併力破拔悉密，自稱骨咄祿毗伽闕可汗，南居東突厥汗國故地，徙牙於烏德山（今蒙古鄂爾渾河上游杭愛山東支）與昆河（今蒙古鄂爾渾河）之間，其地當即哈剌巴剌哈孫廢址。唐封之為懷仁可汗。此後漠北回鶻汗國一直存在到八百四十年。

西元七四四至七五四年為汗國草創時期。懷仁可汗及其子磨延啜（即第二代可汗葛勒可汗）致力於削平鄰部反抗，鞏固汗國。可汗之下有兩「殺」（或作「設」）典兵；大臣自葉護以下共二十八等，如突厥舊制；可汗之下還置內、外宰相，又有都督、將軍、司馬，這表明汗國初具規模的國家機器既沿襲突厥游牧汗國的傳統，又深受唐朝影響而具有二重性質。汗國下轄原鐵勒之僕骨（僕固）、渾、拔野古、同羅、思結、契諸部，另外還有阿布思、骨侖屋骨思二部，當屬後來顯赫的部落。上述鐵勒九部之外，回紇也把被它擊破的拔悉密、葛邏祿納入汗國，並常常以兩部為先鋒，號稱十一部落。各部落由仿唐制任命的都督統治。由此可見，回紇汗國實際上是一個以回紇部為首的鐵勒諸部聯盟。

回紇部自身由九個氏族組成，即可汗出身的藥羅葛和胡咄葛、啒羅勿、貊歌息訖、阿勿嘀、葛薩、斛素、藥勿葛、奚耶勿。這九個氏族有時被稱為內九姓，以與構成汗國的鐵勒九部或十一部落相區別。漢文文獻中常見的「九姓回鶻」一稱，究竟是指回紇內九姓，還是指回紇、僕骨、渾、拔野古等九部，這是學界長期探討的問題，有些學者以之與九世紀漠北的九姓回紇可汗碑文對勘，傾向於認為當指鐵勒九部，而非內九姓而言。

唐天寶十四年，安史之亂爆發。兩年後，葛勒可汗遣子葉護率兵入援，助唐收復長安、洛陽。次年，肅宗以親女寧國公主遣嫁可汗西元七六二年，回紇第三代可汗牟羽可汗助唐討平史朝義。自西元七五五年以來，回紇與唐交往密切，受唐代文化影響也比較明顯，例如，汗國本來以游牧為主，現在則向半定居轉化，上層統治集團開始建立城市、宮室，婦女有粉黛文繡之飾；在昭武九姓胡的影響下，回紇日益重視商業活動，與唐進行大規模的絹馬互市。與此同時，摩尼教自漢地傳入回紇，並作為回紇國教而得傳播。

回紇汗國的瓦解

西元七八〇至七九五年間，接連四代可汗均以暴力奪位，對外則忙於與吐蕃、葛邏祿鬥爭和鎮壓突厥餘眾的反抗，例如，西元七八九年，回鶻與吐蕃爭奪北庭（別失八里）的鬥爭極為激烈。因此，這一時期，四位回鶻可汗雖先後與德宗女咸安公主成婚，但與唐朝往來明顯減少。西元七九五年，原出跌跌氏的宰相奪得汗位，是為懷信可汗，藥羅葛氏汗系至此斷絕。此後到西元八二一年，回鶻向西經略，勢力遠達真珠河（今錫爾河上游納倫河）及拔汗那（今烏茲別克費爾干納）一帶。西元八二一年，崇德可汗即位，娶憲宗女太和公主，與唐交往再度活躍，互市興旺。然而從西元八三二年起，回鶻連遭自然災害的襲擊，內部動亂，勢力大衰。西元八四〇年前後（唐文宗開成末、武宗會昌初），回鶻可汗被黠戛斯所殺，汗國崩潰，諸部離散。其中近汗牙的十三部，以特勤烏介為可汗，南下邊塞降唐。烏介輾轉往來於天德（今河套東）、大同之間，為唐太原節度使劉沔、幽州節度使張仲武等所破，其弟遏捻收拾殘部，先仰食於奚，後走依室韋;黠戛斯擊室韋，收部分回鶻殘部還磧北。

另有回鶻十五部，史稱由其相馺職與龐特勤率領西奔葛邏祿，殘眾入吐蕃、安西。對於這一記載，學界有兩種見解。一種見解認為西遷回鶻分為三支，一支投蔥嶺以西的葛邏祿，一支投安西，又一支投當時占據河西走廊的吐蕃;另一種見解認為葛邏祿有三姓，分布範圍遼闊，東起伊吾（今新疆哈密）以北的折羅漫山，西至碎葉、怛邏斯之境。回鶻西遷，投奔的只是東部天山的葛邏祿，到達北庭一帶之後兩分，一支南下安西，一支東投河西走廊的吐蕃。此說實質是認為西遷回鶻僅分兩支，此外並不存在投奔蔥嶺以西的一支回鶻。

進入河西走廊的回鶻

會昌年間遷居河西的回鶻，初附於吐蕃。但吐蕃隨即衰微。河西本是蕃漢雜居地區，回鶻乘吐蕃衰落之機，擴散其族帳，駐牧地於秦（今天水，入居秦川者內屬，謂之熟戶）、涼（今武威）、甘（今張掖）、肅（今酒泉）、瓜（今安西）、沙（今敦煌）等州與賀蘭山乃至伊吾以西納職等地，並不時與吐蕃餘部末、吐谷渾、龍家等民族及沙州歸義軍張氏政權發生衝突。衝突互有勝負，回鶻隨之進退無常，時遁時返。

甘州回鶻汗國

八六〇到八八〇年代，活動在甘州綠洲的回鶻逐漸結集力量，形成河西回鶻的勢力中心。唐代以來住在河西的某些突厥系部落，如甘州南境的朱耶氏遺族鹿角山沙陀，大約即在這一時期與回鶻合流。八九〇年代，當沙州歸義軍張氏政權由於內訌而無暇他顧之際，甘州回鶻建立了汗國。

關於甘州回鶻可汗的建立者，學界有兩說，一些學者根據某些史文記載而認為是龐特勤率領的先進入焉耆、吐魯番而後轉向東來的部眾所建立，從而認為龐特勤不僅是天山地區回鶻汗國的建立者，而且也是甘州回鶻汗國的第一位可汗。另一些學者認為甘州回鶻系直接從漠北高原穿越戈壁而來河西，龐特勤根本沒有，也無可能東來甘州。這個問題也由於資料不全，記載牴牾，而難於詳考。

五代時期甘州回鶻可汗有仁美（英義可汗，當是《遼史》中的烏母主可汗）、仁裕（順化、奉化可汗）等。宋時，甘州回鶻可汗的名字多帶「夜落紇」、「夜落隔」字樣，這極可能是漠北回鶻汗國統治氏族藥邏葛的同音異譯。宋太祖建隆二年以來，甘州回鶻汗國頻頻通使宋朝，並沿襲唐代漠北回鶻汗國傳統，自稱外甥，尊宋主為阿舅。宋朝酬贈可汗及可汗之母（母公主）頗為豐厚。雙方的親密往來，明顯地具有政治意義，旨在相約共同對付勢力日益強大的西夏。甘州回鶻控制著東西交通的孔道、轉販貿易的樞紐——河西走廊，這一地理位置有時使之在影響宋、遼、西夏的鬥爭大局上起一定的作用。宋真宗咸平六年冬，夏州政權攻西番，取西涼府，但被住在西涼府大谷的者龍族（咱隆族）、乞當族、督六族等所謂六谷蕃部擊敗，夏州首領李繼遷中流矢死。甘州回鶻參預戰事，從而與西夏結仇。宋真宗大中祥符元年，夏州萬子等領兵趨回鶻，回鶻設伏挫敗之。甘州乘夏州政權再取涼州不利之機，而在短期內占領了涼州。宋仁宗天聖六年，在遼聖宗耶律隆緒遣軍三次遠征甘州回鶻之後，甘州為西夏所陷，李元昊即因此役有功，而得立為西夏皇太子。回鶻餘眾部分遷居瓜、沙州，部分南奔宗哥族首領廝羅。甘州回鶻汗國存在一百三十餘年而亡。

沙州回鶻

沙州在西元一〇〇六年入貢於遼時，尚自稱「沙州敦煌」。遼聖宗開泰三年，沙州歸義軍節度使曹（賢）（恭）順朝貢於遼，《遼史》作「沙州回鶻曹順遣使來貢」，開泰八年，遼封曹順為敦煌郡王，其後《遼史》記載稱之為「沙州回鶻敦煌郡王」。據

《遼史》載，遼聖宗三度派軍遠征甘州回鶻期間，與沙州有友好往來。是時，沙州回鶻既對遼稱臣，也向宋納貢，宋仁宗景至皇，凡七貢方物，宋仁宗天聖八年，瓜州以千騎降於西夏，景三年十二月沙州降於西夏，甘、涼、瓜、沙、肅全為西夏所有。然而，宋仁宗慶歷元年、二年，沙州還有「鎮國王子」、「沙州北亭可汗王」的稱號。「鎮國」者，當是回鶻語 il tutms 的意譯，乃西部回鶻汗國的稱號之一。金太宗天會五年，沙州仍有回鶻活剌散可汗。很可能在西夏統治下的沙州回鶻依然享有一定的獨立性。

進入安西的回鶻

會昌初，龐特勤率領西走的回鶻大約在西元八四三年從天山北麓南下，居住在焉耆。龐特勤稱葉護，有眾二十萬，西進龜茲，東北取西州（高昌、和州、火州）擊退追襲的黠戛斯，壯大了勢力，為建立高昌回鶻汗國奠定了基礎，其聲威所及，漠北回鶻殘部亦思歸附。唐宣宗大中十一年，唐廷派王端章為使，冊封龐特勤為可汗，但未成功。此後十餘年，龐特勤一直通好唐廷。

高昌回鶻汗國

唐懿宗咸通七年，西州有僕固俊稱可汗，僕固俊從黠戛斯控制之下（一說從吐蕃手中）奪取了輪台（此輪台係指今烏魯木齊附近的輪台）、北庭、清鎮等地。五代時，高昌回鶻遣使貢方物。入宋，宋太祖建隆三年，乾德三年遣使聘問。宋太宗太平興國六年，高昌國主開始自稱西州獅子王阿廝蘭汗（按阿斯蘭，又作阿薩蘭，意即獅子），有些研究著作即以是年為高昌建立汗國之始。此外，據《元史》和黑汗王朝時期文獻《福樂智慧》，高昌國主的稱號亦作「亦都護」，這可能是沿用唐代居留於北庭一帶的回鶻近族拔悉密的王號。是年，高昌獅子王遣使於宋，對宋稱舅，自居外甥，宋太宗趙炅當年遣供奉官王延德、殿前承旨白勛出使高昌答聘。王延德等至高昌，曾被邀至獅子王避暑之地北庭訪問。他們於西元九八四年返還，所留行紀對行程、高昌北庭情況作了生動描述，從各種情況判斷，高昌回鶻在西遷回鶻諸部中勢力最強，文化最盛，實為回鶻的政治、文化中心。據高昌故城出土木杵上的回鶻文資料，在十世紀，或直到十一世紀初，高昌回鶻汗國分別以高昌和北庭為冬夏都城，領域東起沙州，西達熱海（今伊塞克湖）南岸的弩支．巴爾思罕，版圖相當遼闊。在文化方面，唐代以來的漢文化在高昌保存良好，「有敕書樓，藏唐太宗、明皇御札詔敕，緘鎖甚謹」，表明高昌與中原地區的密切關係。高昌境內流行摩尼教、佛教、景教。統治階級大興土木，修建寺院，同時創製文字，大量翻譯宗教典籍。回鶻文以粟特字母作基礎，為拼音文字，對後來蒙文、滿文的創製影響甚巨。

一二二〇年代，高昌有畢勒哥可汗在位。當時，遼朝已處在覆滅前夕，遼皇族耶律大石率部西走，假道於畢勒哥，高昌此後臣服於耶律大石建立的西遼，西遼置「監國」於高昌。十三世紀初，蒙古勢力西漸，西元一二〇九年，高昌國主亦都護巴而術阿而忒的斤擺脫西遼羈絆，稱臣於蒙古。在蒙古建立國家過程中，高昌回鶻的政治家、將領、文臣起了重要作用。

龜茲回鶻

一說是「回鶻別種」，一說「或稱西州回鶻，或稱龜茲回鶻，或稱西州龜茲，其實一也」。自回鶻西遷以來，族種散處甘州、西州、龜茲乃至于闐界內的新復州（新福州），即連羅布泊近端也有黃頭回鶻，本來同枝，因遷徙動盪而分畛域。龜茲國主也自稱獅子王，與宰相九人共治國事。

宋真宗咸平四年，大回鶻龜茲安西州大都督單于軍韓（可汗）王祿勝遣其樞密使曹萬通奉表至宋，擬與宋朝共討夏州李繼遷，其後復遣使數次。宋仁宗天聖元年至景四年，凡五遣使；宋神宗熙寧四年、五年，凡兩遣使。宋哲宗紹聖三年，其大首領阿連撒羅攜表章、玉佛到達洮西，熙河經略使就地於熙州、秦州作價博買。

各支回鶻與遼、宋、西夏等接觸和往來頗為頻繁，除使節之外，東來者還有商人，經濟、文化連繫相當密切。

進入蔥嶺西的回鶻

一些學者認為，龐特勤與相職率回鶻十五部西奔葛邏祿，進入了蔥嶺以西地區。從十世紀中到十三世紀初，建立了強大的黑汗王朝（喀喇汗王朝）。首都在八拉沙袞，轄地西部包括阿姆河和錫爾河之間的河中地區，東邊則包括喀什噶爾和于闐，喀什噶爾且成為它的第二首都和文化中心。

十一世紀中期，喀喇汗王朝分裂為東西兩部，西部汗都於尋思干（撒馬爾罕）。一一三〇年代以後，西遼帝國在中亞興起，東西兩部喀喇汗王朝先後淪為附庸。西遼取消了東部喀喇汗的汗號，改封為「伊利克」，仍居喀什噶爾。十三世紀初，東部喀喇汗在內亂中被殺，汗統斷絕，西部喀喇汗王朝亡於花剌子模。十世紀中葉，伊斯蘭教傳入喀喇汗王朝，不久被定為國教，成為第一個突厥語民族的伊斯蘭國家。喀喇汗王朝的經濟、文化有相當發展。十一世紀中葉，出現了文學家優素福・哈斯・哈基甫用突厥語寫成的著名長詩《福樂智慧》；學者馬合木用阿拉伯文著的《突厥語辭典》。

喀喇汗朝與宋朝有密切的政治、經濟關係，與遼、西夏也有交往。

元代「回紇」一詞，除指原來意義上的回紇人外，並泛指信奉伊斯蘭教的西域突厥語諸部族，而對高昌地區的回紇則多用「畏兀兒」一詞指稱。

韃靼

中國古代北方游牧民族名稱，自唐迄元先後有達怛、達靼、塔坦、韃靼、達打、達達諸譯，其指稱範圍隨時代不同而有異。

原名為 **Tatar**，本是居住在呼倫貝爾地區的蒙古語族部落之一。最早的記載見於西元七三二年突厥文《闕特勤碑》，稱 **Otuz Tatar**（三十姓韃靼），係概稱突厥東面、契丹之北的蒙古語族諸部，當因其中 **Tatar** 部最強故有此名，大抵相當於漢籍中的室韋。西元七三五年的突厥文《苾伽可汗碑》還載有 **Toquz-Tatar**（九姓韃靼），謂其曾與

Toquz-Oghuz（九姓烏古斯）聯合反抗突厥。八世紀中葉，九姓韃靼又與八姓烏古斯聯合反抗回鶻，其活動地域已到色楞格河下游及其東南一帶。此後，韃靼人逐漸向蒙古高原中部、南部滲透；西元八四〇年回鶻汗國的滅亡和回鶻西遷，為他們提供了更大規模地進入大漠南、北的機會，「達怛」之名開始出現在西元八四一年的漢文文獻中。唐末，漠南韃靼數萬之眾被李克用父子招募為軍進入中原，參與鎮壓農民起義和權力角逐。同時，九姓韃靼則據有原回鶻汗國腹心地區鄂爾渾河流域。隨著韃靼人取代突厥語族部落成為蒙古高原的主體居民，韃靼一名也漸演變為對蒙古高原各部（包括非蒙古語族部落）的泛稱。

遼興，韃靼諸部經過遼太祖耶律億至遼聖宗耶律隆緒各朝的經略，盡為遼廷屬部，《遼史》通稱之為阻卜或術不姑，而有北阻卜、西阻卜、西北阻卜、阻卜札剌部之別。遼廷分別命其首領為大王（或夷離堇），置西北路招討司以統之；並建三城於鄂爾渾河上游與土拉河之間，置鎮、防、維三州，駐軍鎮戍，開闢屯田。統和末年，又派官充任諸分部節度使以加強統治。韃靼（阻卜）諸部需歲貢馬、駝、貂鼠皮、青鼠皮等，且需應徵出兵。歲貢的沉重，節度使的貪殘，使他們不堪忍受，激起多次反叛。開泰元年，韃靼部長殺節度使以叛，圍攻鎮州；太平六年，西北路招討使蕭惠出征甘州失利還鎮，韃靼諸部乘機皆叛；大安八年「北阻卜」部長磨古斯乘各部起義反遼，規模尤大，延續八年始被平服。遼亡前夕，宗室耶律大石（西遼德宗）退據漠北，後率部西遷，其中就有一部分韃靼（阻卜）人。

金朝重點用兵於宋，蒙古高原各部勢力乘機有了很大發展，呼倫貝爾草原的塔塔兒部，以鄂爾渾河上游為中心的克烈部，崛起於鄂嫩河、克魯倫河中上游的蒙古部，據有阿爾泰山至杭愛山地區的乃蠻部，以及漠南的汪古部等，都很強盛。他們雖先後臣服於金，但除汪古部外，多時服時叛，襲擾金朝北境，尤以塔塔兒、蒙古二部為甚，金朝不得不築長城以防之。在宋人文獻中，往往將蒙古高原各部概稱為韃靼，又就其離漢地的遠近、文化的高低不同，區別為黑韃靼（指蒙古諸部）、白韃靼（指汪古部）、生韃靼。成吉思汗統一諸部、建立大蒙古國後，諸部游牧民均被編入各千戶，遂統稱為蒙古人，開始形成蒙古民族共同體。元代文獻中一般都用「蒙古」這一族名，而以原來的各部落名稱作為姓氏標誌，但民間漢文卻仍習慣地稱他們為「達達」（韃靼），一些漢譯蒙文文獻亦以「達達」譯寫原文中的蒙古。於是韃靼一名又為漢人對蒙古族的俗稱。

明朝人把退據蒙古高原的北元政權及其治下的蒙古族稱為韃靼。洪武元年元順帝妥懽貼睦爾棄大都北逃，兩年後死於應昌（今內蒙古克什克騰旗達裡諾爾西），子愛猷識理達臘繼位，退到漠北，仍用大蒙古——大元國號。由於明朝的多次進攻和蒙古貴族內部的激烈鬥爭，其勢力逐漸削弱，元順帝後裔雖然仍被奉為正統，但汗權衰微，權臣勢盛，愛猷識理達臘以後的四代大汗（脫古思帖木兒至坤帖木兒）都在內爭中被殺。貴族鬼力赤篡奪了汗位，因非汗裔，部眾不服，其部將阿魯台殺之，另立坤帖木兒弟本雅失裡為汗（即蒙文史書上的額勒錐特穆耳汗），阿魯台自任太師，專擅朝政。其榜葛剌進麒麟圖後，阿魯台與雄踞蒙古西部的瓦剌部貴族攻戰不已，各自擁立北元汗裔為傀儡可汗；明朝則利用雙方矛盾，先封瓦剌首領馬哈木等三人為王，繼亦封韃靼太師阿魯台為王，使其相互抗衡。馬哈木子脫歡統一瓦剌各部後，出兵攻殺阿魯台及其所立之阿岱汗，另立脫脫不花為汗（即蒙文史書上的岱總汗），治韃靼諸部。脫歡子也先進一步擴展勢力，完全兼併了韃靼，並殺汗自立。也先以異姓貴族篡奪汗位，部下離心，紛紛背叛，不久亦在內爭中被殺，瓦剌勢衰，韃靼復起。但各部異姓貴族仍爭權奪利，操縱可汗，相互混戰。西元一四八〇年（一說一四七〇）把禿猛可（明人所稱第二個「小王子」）即位，號達延汗（即「大元可汗」），史稱他「賢智卓越」。達延汗擊敗瓦剌，削平割據勢力的反抗與叛亂，統一了韃靼各部，分六萬戶以治之，自掌察哈爾、喀爾喀、烏梁海左翼三萬戶，而以鄂爾多斯、土默特、永謝布右翼三萬戶封與第三子巴爾斯博羅特，號賽音阿拉克濟農（濟農，明人譯為吉能，當是漢語「晉王」的譯音），汗權大大加強，結束了權臣專政、諸部紛爭局面。西元一五一七年達延汗死後，韃靼又陷於分裂。巴爾斯博羅特次子、土默特萬戶俺答汗控制了右翼三萬戶，稱司徒汗，與大汗（達延汗的繼承者，明人通稱為小王子）分庭抗禮，進而吞併左翼一些部落，迫使汗庭東遷義州（今遼寧義縣）邊外。俺答曾大舉進攻明朝，西元一五一七年達成協議，受明朝封為順義王，恢復並發展了與明的封貢關係，土默特的中心地豐州灘「板升」被命名為歸化城。他還遠征瓦剌及甘、青、藏交界地區，將西藏佛教（黃帽派）傳入蒙古，贈送其主鎖南堅錯為達賴喇嘛三世，達賴喇嘛之號自此始。韃靼大汗東遷後，在土蠻汗（即圖們札薩克圖汗，西元一五五八至一五九二年在位）時代曾一度強盛。明末，林丹汗力圖重建統一，並聯合明朝抗擊後金。他雖然收服了右翼諸部，並得到漠北喀爾喀部的擁戴，但卻懾於後金，倉促西逃，西元一六三四年死於撒裡畏兀兒境內大草灘地方（今甘肅天祝藏族自治縣境）。兩年後，其子率十六部降清，韃靼亡。韃靼一名作為對中國北方游牧民族的泛稱，也傳到西方，蒙古軍西征，西方人即稱他們為韃靼。到清代，西人又把滿族也稱為韃靼。

夷

先秦時期非華夏民族泛稱之一。夷又有諸夷、四夷、東夷、西夷、南夷、九夷等泛稱。一般多用以泛稱環渤海而居，南至江淮的中國東方各族，亦稱東夷。先秦時，東夷民族眾多，主要指以傳說時代的太、少為代表的部落集團及其後裔，《禹貢》稱為鳥夷。太，風姓，建都於陳（今河南淮陽）。少，嬴姓，自窮桑（今山東曲阜北）登帝位，後徙曲阜。相傳禹擬授「帝位」的皋陶也是東夷人，生長在曲阜。皋陶早死，其子名益。或傳禹死啟立，「益干啟位，啟殺之」，然後建立起夏王朝。夏與東夷屢有戰爭，曾奪取夏太康王位的「有窮（在今山東德州）后羿」，就是東夷的一支。相傳商湯先世活動在今山東、河北的渤海灣一帶，學者多以為商人本亦為東夷民族。商王朝建立後，仍與東夷戰爭不絕，史載「桀為暴虐，諸夷內侵，殷湯革命，伐而定之。至於仲丁，藍夷作寇。自是或服或叛，三百餘年。武乙衰敝，東夷漸盛，遂分遷淮、岱，漸居中土」。故殷末帝乙、帝辛（紂）都多次征方、盂方、夷方（皆東夷），駐蹕之地，遍及濟、汶以東。東夷被征服，商王朝也國力耗盡，後為周所滅。周武王建立周王朝之初，殷的餘部及殷的與國東夷勢力仍強。武王死。殷裔武庚在商奄（在今山東曲阜）、蒲姑（在今山東博興）、徐戎（徐夷）、淮夷等東夷國家支持下發動叛亂。周公東征，殺武庚，滅不少嬴姓之國，平定叛亂，又以蒲姑地封齊，以商奄地封魯，但徐戎、淮夷仍長期存在於淮水流域。周穆王時，「徐夷僭號，乃率九夷以伐宗周，西至河上」。厲王時，「淮夷入寇，王命虢仲征之，不克，宣王覆命召公伐而平之」。及至春秋，徐、淮猶盛，尚能「病杞」、「病」。這時，還有奉祀太的任（今山東濟寧境）、宿、須句（山東東平境）、顓臾（今山東費縣境），自稱少之裔的郯（在今山東郯城），皋陶後的六（在今安徽六安）、蓼（在今安徽霍丘）等國，以及與徐同祖的群舒（舒蓼、舒鳩、舒庸、舒龍、舒鮑、舒龔等）和九夷等東夷部落國家，活躍在山東半島和江蘇、安徽的淮水流域，成為齊、楚兩霸必爭的與國。他們都與華夏諸國早有通使、會盟關係，而諸夏國又或「用夷禮」，夷、夏遂逐步接近以至融合。近年出土的春秋徐國銅器，其文字、形制、紋飾已與中原器物無別。「九夷」之名猶見於戰國，但秦並六國後，淮泗夷皆散為民戶，到漢時已不見夷、夏之別。

濮

先秦時期南方民族。由於部落分散，支系眾多，不相統屬，又有「百濮」之稱。濮分布在長江中游巴楚地區及其西南。相傳曾參加周武王伐紂的戰爭。春秋初，楚漸強大，開始向濮地擴張。周平王時，「楚冒於是乎始啟濮」；楚武王時，又「開濮地而有之」。至楚莊王初，濮人勢力仍盛。楚四周民族趁楚大饑群起叛楚，百濮也在麇人率領下「聚於選。將伐楚」。選在今湖北枝江一帶，可能是當時濮人聚居之地，麇人可能是百濮部落的首領。楚莊王在打敗各族後，很快強大起來，「並國二十六，開地三千里」，楚地濮人大部被征服，逐漸同楚人融合，並與楚人、蠻人、戎人等共同創造了春秋戰國時期的楚文化。

貊

先秦時期北方民族。貊字古多作「貉」。往往與「胡」連稱「胡貊」，泛指貊和北方民族。《山海經》有貊國，近燕。《周禮》有「九貉」。可見其族類之多。西周時，貊為北國之一，周宣王命韓侯為方伯以柔撫之。《詩經．大雅．韓奕》言：「王錫韓侯，其追其貊，奄受北國，因以其伯。」即詠其事。此所謂「追」，學者們以為即「濊」（或作穢，與貊同類，因有涉貊之稱。戰國時期，貉人猶有留居趙北者。史載：趙襄子「逾句注而破並代以臨胡貉」，趙武靈王西北有林胡地至休溷之貉，甚至秦國之北也還有「胡貉」。漢代的夫餘、沃沮等族，當時人仍以貉人稱之。

戎

先秦時期西北民族。又稱西戎。常用為非華夏民族泛稱。春秋時期戎人相當活躍，以允姓之戎、姜氏之戎、犬戎最為著名。學者認為允姓之戎即西周的玁（或作獫允）、遠古的葷鬻（或作獯鬻、薰育、葷允）。允姓之戎分布在今陝西、甘肅、寧夏及內蒙古迤北一帶，經常侵擾周疆。「侵鎬及方，至於涇陽」，給周人帶來很大痛苦。當時詩云：「靡室靡家，玁之故。不遑啟居，玁之故。」周宣王命重兵出征，才把玁趕回去。及至春秋，戎、狄內侵，「允姓戎遷於渭（今陝西涇水入渭一帶），東及轅（今河南偃師東南）」，後又更有逾漢水而南者。學者多認為姜氏之戎即殷周漢晉之羌；犬戎即殷周之畎夷，《山海經》又名犬封國。「後桀之亂，畎夷入邠、岐之間」，周穆王西征，遷犬戎於太原。夷王時，命虢公率六師伐太原之戎，獲馬千匹。厲王時，戎人犬丘，宣王雖曾勝狁，然「遣兵伐太原戎，不克。後五年，王伐條戎、奔戎，王師敗績」，後又「敗績於姜氏之戎」。到周幽王時，戎已大盛，終致申侯與繒、西夷犬戎攻幽王，殺幽王於驪山下。平王立，東遷洛邑，以「避戎寇」。關中之地盡為戎有。這時秦已崛起西徼（學者有謂秦亦戎族者），世與戎戰。周室東遷，秦襄公將兵救周有功，賜受岐酆之地。列為諸侯，進而盡取犬戎所據周地。晉亦西向攻取驪戎。關中之戎遂東西遷徙，於是有揚拒、泉皋、伊洛之戎同伐京師洛陽，陸渾之戎遷於伊川，形成「逼我諸姬，入我郊甸」的局面，更有南入汝漢江淮者，而楚之東南、西南也都有戎。自隴以西則有綿諸、緄戎、翟之戎，岐、梁、涇、漆之北有義渠、大荔、烏氏、朐衍之戎，皆先後為秦所滅。燕、趙北部間有代戎，燕東北部有山戎，後亦並於諸國。入居中原的戎人，經春秋戰國長時期的民族交往，逐漸與華夏融合。

狄

先秦時期西北民族，又用以泛指北方民族。狄字或作「翟」。狄人部落眾多，春秋時以赤狄、白狄、長狄最著。赤狄隗姓，即殷及西周之鬼方，甲骨卜辭與金文皆有記載，為西北大國，略當今陝西、甘肅、寧夏及內蒙古鄂爾多斯一帶。《周易》記載：

「（殷）高宗伐鬼方，三年克之。」殷末其勢仍盛，周王季曾「伐西落鬼戎，俘二十翟王」。至周成王時，命盂率兵伐鬼方，「俘人萬三千八十一人」，可見其人徒之眾。春秋之初，赤狄東出秦、晉之北而入於晉，並據太行而建群國，其勢力大盛，又東向滅掉邢國（都今河北邢台）、衛國（都今河南淇縣）。這時，楚國也興起於南方，形成「南夷與北狄交，中國不絕如線」的嚴酷局面。雖值齊桓公霸業盛時，邢、衛二國重建，但仍無力恢復其故土。是後狄人西擾周、晉，並與王子帶勾結，將周襄王逐出王都。晉文公出兵勤王，大敗狄師，殺叔帶。狄乃東渡黃河，進入河南、山東，侵擾宋、衛、齊、魯。後狄人發生分裂，力量削弱，晉遂攻滅潞子、甲氏、留籲、鐸辰等國，赤狄大衰。白狄原與秦同居雍州，在晉國西，後亦漸徙晉東，更東至魯西，其中以河北中部的肥、鼓、鮮虞三國最大。肥、鼓後為晉所滅，春秋末鮮虞改稱中山，戰國時成為與燕、趙、韓、魏同時稱王的千乘之國。二十世紀七〇年代在河北平山縣發現中山國都遺址及中山王墓。出土文物表明，白狄正在逐步融合於華夏族，並在戰國中期與華夏文化趨於一致。春秋中葉活動在今山東、河南、河北間的長狄，又名瞞，以其服屬於赤狄而蒙狄稱，因其族人體形高大故名長狄，其各部分別滅於晉、齊、宋、魯、衛。

肅慎

中國古代東北地區最早見於記載的民族。又寫作息慎、稷慎，分布在「不咸山（長白山）北」、「東濱大海（日本海）」的以吉林為中心的松花江、黑龍江和烏蘇里江流域廣大地區。傳說堯、舜時代已與中原建立連繫。據《左傳》記載，肅慎與燕、亳同為周王朝的「北土」，是周的遠方屬國。西周初，曾向王朝貢獻「矢石」。後稱挹婁。在吉林地區發現的自西周至戰國分布廣泛的「西團山文化」，學者多認為是肅慎人的文化遺存。其人類體質屬於蒙古利亞種的通古斯種，出土物以磨製石器和砂質褐陶為主，青銅器不多；有的器物形制與中原同類器物相似，顯然是受中原影響。出土物還反映，他們已進入父系氏族公社，產生貧富分化，出現私有財產；肅慎人有較發達的原始農業，飼養家畜以畜為主，但漁獵仍是生活資料來源的重要補充。這些，與《三國志·東夷傳》所載古代挹婁的情況基本相合。

第一章　古代民族

越

中國古代南部民族名。有狹廣兩義。狹義指先秦時建都會稽（今浙江紹興），戰國初一度強大爭霸中原的越國及其部族，在楚懷王二十三年已為楚國所滅，其部族首領仍稱越君。或楚威王七年為楚所滅；或說，終戰國之世，雖為楚所削，但一直延續到秦統一六國。廣義是對戰國、秦、漢時期長江下游即「自交趾至於會稽七八千里」沿海地區（略當今蘇、浙、閩、台、粵、桂六省及越南北部）及其土著居民的泛稱。這一地區為《禹貢》揚州之域，故又稱「揚越」；因其居民「非一種」，「各有種姓」，故又稱「百越」或「越人」。據其語言、習俗和地域的差異，秦漢時的越人依當時的稱謂亦可分為甌閩、南越、西甌、雒越四個地區的一些部族。

甌閩（略當今浙、台、閩一帶）源出先秦之越。越國在戰國後期為楚所「滅」，秦始皇二十五年繼滅楚之後，降服了越君，以其地置會稽郡（今江蘇蘇州），北徙越民於烏程、餘杭、黟、歙、蕪湖、故障等地（今蘇、皖、浙接壤地帶），而讁徙中土之民以實之。次年，秦統一六國，隨即派遣五路大軍五十萬人進行統一百越的戰爭。一軍指向相傳為勾踐後裔的甌閩地區的閩越王無諸和東海王搖，兩王都被廢黜勾踐為「君長」，以其地置閩中郡（今福建福州）；四軍指向南越、西甌（今兩廣地區），開「新道」、鑿「靈渠」以行軍運糧，西甌君譯籲宋戰死，在南越、西甌設置南海郡（今廣東廣州）、桂林郡（今廣西壯族自治區內）、象郡（今廣西崇左境），大徙中原之民與百越雜處，共同開發珠江流域。但西甌部分餘眾退據叢林繼續抵抗，並曾挫敗秦軍，秦軍統帥屠睢死於此役；同時，包括台、澎等沿海島嶼在內的「東海外越」也還未被征服。

秦二世元年，陳勝、吳廣領導的農民起義爆發（見陳勝、吳廣起義），不少早已徙居淮北的越人參加了起義軍，被廢黜的無諸和搖也率領越人隨著郡君吳芮投入起義行列，在推翻秦王朝的鬥爭中作出了貢獻。秦南海郡龍川令趙佗當時代行南海尉事，乘機起兵割據，「擊並桂林、象郡，自立為南越；武王」。

漢高帝五年，漢王朝建立，以助劉滅項功，無諸復立為閩越工，王閩中故地，都東治（治今福建福州）；惠帝三年，「舉高帝時越功」，搖也復立為東海王，都東甌（治今浙江溫州），時俗號為東甌王。高帝十一年，漢封趙佗為南越王，都番禺（今廣東廣州）。十二年，立越裔南武侯織為南海王，居揭陽（今廣東揭陽）。這時，西甌君長也「南面稱王」，南徙雒越（今越南北部）的蜀王子也稱安陽王。這種百越地方政權相對獨立的局面，隨著漢中央集權的逐步加強而發生變化。呂后末，西甌王、安陽王為趙佗所滅，在雒越設置交趾、九真兩郡。文帝初，南海王反，漢擊平之，徙其民上淦（今江西新幹）。武帝建元三年，閩越攻東甌，東甌請舉國內徙，「乃悉舉眾來，處江淮之間」。元鼎五年，南越王反漢，次年漢出兵滅南越，以其地置南海、蒼梧、鬱林、合浦、交趾、九真、日南七郡，並開珠崖、儋耳兩郡。元封元年，閩越反，漢出兵討之，閩越諸將殺其王以降，「詔軍吏皆將其民徙處江淮間」。至此，百越各族全部置於漢王朝郡縣統治下，完成了秦王朝未能完成的統一大業。在統一的多民族國家的推動下，百越地區的經濟、文化有著明顯的發展。有些地區的出土文物反映出：漢武帝以後的鐵製工具顯著增加，文化面貌上的民族特點逐漸減弱。部分百越族與漢族在共同的經濟生產與貿易活動以及文化的相互影響中，加速了民族融合的進程。甌閩族與漢旅混合的「山越」，在東漢末三國初還很活躍，到南北朝後逐漸從歷史上消失。在另方面，嶺南百越卻長期留存。東漢建武十六年，交趾雒越征側、征貳曾發動反漢戰爭，「九真、日南、合浦蠻裡皆應之，凡略六十五城，自立為王」。延至建武十九年始克討平。西甌，東漢稱烏滸，人口眾多，靈帝建寧三年，鬱林太守谷永曾招撫十餘萬，開置七縣。魏晉以後，嶺南百越有蜒、俚、僚、等名稱，「隨山洞而居」，分布很廣，他們是今天壯侗語各族的先民。

秦漢時永昌郡西南（今雲南省西南與寮國、泰國、緬甸接境地帶）的撣國和滇越，珠崖、儋耳的「雒越」，也是百越的一部分，他們當時還較原始，使用「木弓弩，竹矢，或骨為鏃」，但也都為開發中國邊疆作出了貢獻。

西南夷

秦漢時代對居住在蜀郡西北、西南，即今四川成都西北、西南，雲南、貴州兩省及廣西西部廣大地區諸少數族的總稱。主要有夜郎、滇、邛都、昆明、徙、都、冉、白馬等。其中，夜郎、滇、邛都等皆盤髮於頂，耕田，有邑聚；、昆明等皆編髮為辮，隨畜遷移；而徙、都、冉等則兼營農牧。西南夷近蜀，雙方商賈早就相互往來。西南夷輸出馬、僮、旄牛及金、銀、銅、象牙等，輸入絹、鐵、鹽、竹、枸醬等。

楚頃襄王時，楚將莊曾平定滇池地區，於該處稱王。秦滅楚後，曾在西南夷廣大地區修築道路，設官置吏。

漢武帝建元六年，遣唐蒙使夜郎，招撫夜郎侯多同，在其地置犍為郡。接著又命司馬相如招撫邛、筰，在其地置一都尉、十餘縣，屬蜀郡。後因欲專力在北方對付匈奴，一度放棄了耗費巨大的對西南夷的經營。元狩元年，張騫自大夏歸國，建議重開西南夷路，以通身毒。武帝派出的使者雖得滇王之助，但均被昆明夷阻留，未能成功。南越反，武帝欲自犍為郡發南夷兵，南夷不從，遂反，殺漢使者及犍為太守。元鼎六年漢平南夷，在其地置柯郡（今貴州大部及雲南東部）。夜郎侯迎降，武帝封他為夜郎王。於是西南諸夷皆爭求內屬。武帝以邛都為越郡（今四川西昌地區，雲南麗江、楚雄北部），以都為沈黎郡（今四川漢源一帶），以冉為汶山郡（今四川茂汶羌族自治區一帶），以白馬為武都郡（今甘肅武都一帶）。元封二年，漢又出兵伐滇，滇降，以其地為益州郡（今雲南晉寧晉城）；同時賜滇王王印，使治其部族。

西漢末，夜郎王興與町王禹、漏臥侯俞連年攻伐，漢遣使調解，興等不從。成帝河平二年，柯太守陳立殺興，夜郎國滅。

王莽時，益州郡夷楝蠶、若豆等起兵殺郡守，越、姑復等地的夷人亦起兵，莽遣將率兵十餘萬往擊，連年不克。

東漢光武帝即位後，西南夷地區再次劃入漢的版圖。明帝永平十年，又設益州西部屬國，管理不韋（今雲南施甸）、唐（今雲南保山）等地的哀牢族和雲南（今雲南祥雲）、楡（今雲南大理）、比蘇（今雲南雲龍、蘭坪）、邪龍（今雲南巍山、漾濞）四縣的昆明族。十二年，哀牢王柳貌遣子率族人內附，明帝在其地置哀牢（今雲南騰衝、龍陵、德宏州）、博南（今雲南永平）兩縣，合益州西部屬國所領六縣為永昌郡，哀牢的土著君長被封為哀牢王，在太守轄下統領其部落。

兩漢在西南夷地區設置的郡縣稱「初郡」或「邊郡」。郡縣既任命太守、縣令、長吏，又封部族土著君長為王、侯、邑長，實行「土」、「流」二重統治。太守、令、長等「流官」賦斂煩苛，又不能與王、侯、邑長等「土官」和睦相處，因而西南夷地區不斷發生反抗事件，有時釀成較大規模的戰爭。如昭帝始元元年益州郡的廉頭、姑繒，柯郡的談指、同並等二十四邑的反抗；王莽時期町、益州和越諸部族的反抗；光武建武十八至二十一年中，姑復、楡、楝、連然、滇池、建伶、昆明諸種的反抗；章帝建初元年至二年哀牢夷的反抗；安帝元初四至六年洱海地區諸部落的反抗；靈帝熹平五年益州諸部落的反抗等等。另一方面，西南夷在漢族的影響下，教育程度和生產力都獲得了長足的進步；隨著郡縣制在西南夷地區的推行，諸部族大小土長被封為王、侯、邑長，使之大小統屬，加強了政治上遞相隸屬的關係，改變了諸部林立，不相統屬的局面，有利於中央王朝的管轄和治理，促進了統一的多民族國家的發展。

夜郎

漢代西南夷中較大的一個部族，或稱南夷。原居地為今貴州西部、北部、雲南東北及四川南部部分地區、秦及漢初，夜郎已進入定居的農業社會。地多雨潦、少牲畜、無蠶桑，與巴、蜀、楚、南越均有經濟連繫。蜀地的枸醬等土產，常經夜郎運到南越。

西漢初，竹王多同興起於水（今貴州北盤江），自立為侯。建元六年，武帝遣唐蒙入夜郎，招撫多同，並於元光四至五年在其地置數縣，屬犍為南部都尉。漢對西南夷的經營從此開始。元光六年，漢在西南夷地區設置驛站，以便交通；同年，司馬相如等又奉使宣撫。元鼎五年，武帝征南越，因夜郎等不聽調遣，乃於翌年發兵平定西南夷之大半，在其地設柯郡（治今貴州關嶺境）與夜郎等十餘縣，同時暫存夜郎國號，以王爵授夜郎王，諸部族豪酋亦受冊封。西漢末，夜郎王興與町王禹、漏臥侯俞連年攻戰。河平二年，柯太守陳立殺夜郎王興，夜郎國滅。夜郎立國共三四百年。建夜郎國者究系何族，眾說紛紜，主彝、苗、仡佬、布依等族先民者均有之。傳世貴州古彝文經典《彝族世系》有「彝族天生子，多同來撫育」，「多同權威高，多同天宮主」，「祖宗變山竹，山竹即祖宗」等記載；傳說多同亦稱金竹公，可見彝族視多同為祖先。又據，今在威寧縣出土的漢代陶器上有刻劃符號四十多個，其中二十八個一般認為是古彝文，果然如此，則漢代貴州西部已住有彝族先民，並具較高文化，夜郎國或即為彝族所建，按夜郎及其附近諸部落自戰國時代以來便與秦、楚、南越諸地有貿易關係，至西漢成為漢郡縣後，日益受到漢文化影響，中原的鋼鐵製品、手工業品、生產工具與灌溉技術等都很快輸入夜郎地區，近年考古工作者在這一帶挖掘的很多漢墓中的遺存足資證明。但這些遺存同時證明一部分土著習俗文物也遺留了下來。

滇

秦漢時西南夷中一個較大的部族，主要居住在今雲南昆明滇池地區。近年出土的大量考古資料說明，在春秋末葉至西漢初年，滇人已進入興盛的青銅器時期；至西漢中晚期，青銅器遺存雖仍很多，但鐵器已日漸普遍存在。滇人習俗，考古實物說明其男子髮型多梳髮總結於頂，束以帶；女子多垂髻於頸後。男女皆帶耳飾、手鐲，衣長至膝下，跣足，與漢族頗有不同處。但其奴婢則辮髮或披髮，似多自鄰地其他部族擄掠而來。滇池地區土地肥沃，氣候溫和，居民主要以農業生產為主，亦飼養牲畜，兼營漁獵。滇人當時似仍在鋤耕階段，大量出土生產工具中未見犁鏵。牛被視為財富，不用於農耕。手工業相當發達，尤以青銅治鑄、金銀器及玉石製作特別顯著。

據《史記》，戰國中期，楚將莊曾率兵至滇池，於該處稱王。秦統一後，曾在西南夷地區開闢「五尺道」，設官置吏。張騫出使西域回國後，曾向漢武帝劉徹報告說，可通西南夷道至身毒以通月氏。武帝遂於元狩元年派王然於、柏始昌、呂越人等到西南夷地區尋求通往身毒的道路。到滇，滇王曾接待、協助，但被其西邊的昆明夷所阻，沒有成功。在南越、南夷陸續歸入漢版圖以後，武帝復派王然於去勸說滇王入朝，但與滇同姓的勞深、靡莫等不肯聽命。元封二年，武帝再發巴蜀兵擊滅勞深、靡莫等部落，以兵臨滇，滇王降，並請設置官吏。漢遂置該地為益州郡，同時「賜滇王王印，復長其民」。西元一九五六年在雲南晉寧石寨山古墓群的滇王墓葬中發現的蛇紐金質的「滇王之印」，適足印證。此外，該地區西漢後期及東漢墓中出土了不少漢貨幣和漢式銅、鐵、陶器，充分證明當時中原文化對滇池廣大地區普遍的影響。

哀牢

漢代西南夷的一個重要部族。因哀牢任酋長時最盛而得名。該部族主要分布在瀾滄江以西，即今雲南騰衝、龍陵等縣和德宏傣族景頗族自治州及臨滄地區一帶。哀牢人早已聚邑而居，農耕，產絲、麻、毛和木棉布，也出銅、鐵、鉛、錫等礦物和黃金、光珠、琥珀、蚌珠等珍異品。哀牢居地是自蜀通往撣、身毒一路的重要門戶。西漢曾在其地設唐（今雲南保山）、不韋（今雲南施甸）兩縣。東漢光武帝建武二十三年，哀牢王賢栗出兵攻鹿部落。敗績，於是二十七年遣使詣漢越太守，請求內附，漢光武帝劉秀封賢栗為君長。明帝水平十年，又設益州西部屬國，管理不韋、唐和雲南（今雲南祥雲）、楡（今雲南大理）、比蘇（今雲南雲龍、蘭坪）、邪龍（今雲南巍山、漾濞）四縣。水平十二年，哀牢王柳貌遣子率族人內附，明帝於其地置哀牢（今雲南騰衝、龍陵、德宏州等地）、博南（今雲南水平）兩縣，合益州西部屬國所領六縣為永昌郡；哀牢土著君長被封為哀牢王，在太守轄下統領諸部落。章帝建初元年，哀牢王曾殺死守令，攻陷唐、博南等地，但次年即被鎮壓。自漢代起，哀牢人漸遷至瀾滄江以東。蜀漢時，又有數千落被遷至雲南、建寧兩郡。

烏孫

漢代至拓跋魏中葉居於天山北麓伊犁河上游、伊塞克湖畔及納林河流域的游牧部族。它的族屬有突厥族、亞利安族諸說，尚無定論。

建元三年，張騫應漢武帝劉徹之募出使月氏，打算約它夾擊匈奴，但未得要領而歸。元狩四年，漢軍擊走匈奴於漠北，張騫向武帝言及留匈奴時說，聞烏孫本居祁連、敦煌間，與月氏為鄰。月氏攻奪烏孫地，殺其王難兜靡，烏孫王族逃屬匈奴；其後月氏為匈奴所破，西擊塞人，塞人南遷，月氏居其地（今伊犁河流域）。烏孫首領（昆莫）既壯，請單于助報舊怨，西向攻破月氏，月氏西走，烏孫遂占有其地，然常懷念故地；因而建議武帝厚賂烏孫，招以東歸，並遣公主為夫人，使之助漢，以斷匈奴右臂。武帝採納此議，令張騫再使西域，抵達烏孫都城赤谷城（今地不明），當時烏孫有戶十二萬，民六十三萬。然而烏孫諸大臣不欲東遷，昆莫獵驕靡又年老不能自主，僅遣使數十人隨張騫入漢答謝，意亦在窺探漢廷的虛實。

匈奴知烏孫遣使赴漢報聘，便興師問罪，烏孫為得漢援助，再遣使獻馬，並願得漢公主。武帝於元封年間以江都王劉建女細君為公主嫁昆莫，饋贈甚豐，昆莫以細君為右夫人，同時迎娶匈奴女為左夫人。江都公主別居一宮，不經常與昆莫相會，且因語言不通，憂傷思鄉，作歌曰：「吾家嫁我兮天一方，遠托異國兮烏孫王。穹廬為室兮旗為牆，以肉為食兮酪為漿。居常土思兮心內傷，願為黃鵠兮歸故鄉。」昆莫年老，令細君改嫁其繼承人岑陬，公主不肯，向朝廷請示，漢帝為同烏孫共滅匈奴，令公主從其國俗。公主與岑陬成婚，生一女，旋病卒。漢又以楚王劉戊之解憂為公主妻岑陬。解憂留居烏孫達五十年之久，先嫁岑陬，未生子女。岑陬早卒，病危時因其胡（匈奴）婦所生之子泥靡年幼，把王位讓給上漢父之子翁歸靡，約定泥靡長大，仍立為烏孫王。翁歸靡即位後，娶解憂公主，生三男二女，長男名元貴靡。翁歸靡亦有胡婦，生子名烏就屠。漢昭帝時，匈奴與車師併力侵烏孫，解憂上書請漢救援，漢公卿議救未決，值昭帝去世。宣帝本始元年，解憂與翁歸靡皆上書稱匈奴連續發兵攻擊烏孫，擄掠人民，並要求交出漢公主，望漢出兵相救。翌年，漢遣將五人，率騎十六萬分道出塞，命校尉常惠持節護烏孫兵，共擊匈奴，匈奴死傷慘重，畜產損失不可勝數，因此深怨烏孫。本始三年冬，匈奴單于自將數萬騎擊烏孫，有所虜獲，將還師，逢大雪，人民畜產損失十之八九。本始四年至地節元年，烏孫與丁零、烏桓等又圍攻匈奴，匈奴人民死者十分之三，牲畜損失將近一半。漢兵亦出塞攻掠，攻下車師，留卒屯田，保障天山北麓往烏孫的道路暢通，漢與烏孫的連繫由此加強。

宣帝元康二年，應翁歸靡之請，以楚主解憂親屬相夫為公主，置官屬侍御百餘人，使居上林苑習烏孫語；臨行，宣帝親自送別。相夫至敦煌，未出塞，聞翁歸靡死，烏孫貴人從岑陬之約立泥靡為昆彌（昆彌即昆莫，均為烏孫王號）。宣帝從蕭望之議，征還相夫。解憂復嫁泥靡，生一子名鴟靡。翁歸靡胡婦所生之子襲殺泥靡自立為昆彌，因害怕漢出兵，奉元貴靡為大昆彌，自己為小昆彌。漢長羅侯常惠將三校屯赤谷，為分別人民地界，大昆彌戶六萬餘，小昆彌戶四萬餘，各自為政，漢皆賜予印綬。後元貴靡、鴟靡皆病死，解憂年近七旬，上書言年老願還漢地。宣帝許其歸來，於黃龍元年病死。自此至西漢末，烏孫昆彌始終有大小之分，前者親漢，後者親匈奴。《漢書．西域傳》所謂「自烏孫分立兩昆彌後，漢用憂勞，且無寧歲」，是對這種情況的概括。

明帝水平十七年，東漢以耿恭為戊己校尉，屯車師後王部金滿城（今新疆奇台西北）。恭至部，移檄烏孫，示漢威德，大昆彌以下皆歡喜，遣使獻名馬。章帝建初五年，班超欲攻龜茲，因烏孫兵強，欲得其助，乃上書言「烏孫大國，控弦十萬，故武帝妻以公主，至孝宣皇帝，卒得其用。今可遣使招慰，與共合力。」章帝允諾，建初八年拜班超為將兵長史，別遣衛侯李邑護送烏孫使者，賜大小昆彌以錦帛。和帝水元三年，匈奴北單于為漢左校尉耿夔所破，曾遁走烏孫。而自安帝即位時起，北匈奴復收屬西域諸國，時為邊寇。後經班勇大力經營，雖龜茲、疏勒、于闐、莎車皆來朝，而烏孫及蔥嶺以西終絕。

近幾十年來，中國和蘇聯的考古工作者在烏孫故地考察和發掘了大量的烏孫墓葬，從墓葬分布特點、形制及出土物等方面作了分析研究，為探索烏孫的社會經濟情況提供了不少資料，在一定程度上補充了文獻之不足。例如：穀物磨具和平底陶器的出土，說明烏孫人在經營畜牧業的同時，還兼營少量農業。出土物還表明烏孫人製陶業、鑄銅業和木器製造業的水平和規模。墓葬規模的懸殊和出土物的多寡貴賤則體現了烏孫社會貧富的分化和階級的形成。

烏桓

中國古代民族之一。亦作烏丸，原與鮮卑同為東胡部落之一。其族屬和語言系屬有突厥、蒙古、通古斯諸說，未有定論。西元前三世紀末，匈奴破東胡後，遷至烏桓山，遂以山名為族號，大約活動於今西拉木倫河兩岸及歸喇里河西南地區。

社會經濟烏桓人隨水草放牧，居無常處，以穹廬為室，皆東向日。善騎射，亦狩獵。食肉、飲奶，衣毛皮。兼營農耕，以布穀鳥為候鳥，作物有青、東牆。能釀白酒，但不知作麴，糵米常仰給於中原。婦女能在皮革上刺繡和製作一類的織物。男子能作弓矢，制鞍勒，鍛銅、鐵刀兵。

烏桓社會由若干部組成，各部有數百、千邑落，每邑落約有二三十戶。部首領稱大人，邑落首領為小帥。大人以下，各自畜牧治產，不相徭役；大人有所召呼，部眾不敢違，違者死罪。盜竊不止，亦死罪；叛逃者捕歸，放逐於沙漠中。有罪，可以牛羊贖。大人、小帥最初由邑落人民推選，勇健、能理決鬥訟者得舉，二世紀末以後，變為世襲。

烏桓俗貴少賤老。怒殺父兄，不以為有罪，然不害其母，因母有族類；而父兄以己為種，故無人過問。血族復仇之風頗盛。

烏桓人髡頭，女子至嫁時才蓄頭，分為髻，戴一種樺皮製的高帽子，稱為句決。男子娶妻，皆先私通，略其女去，半年百日後，始遣媒送馬、羊、牛為聘；婿隨妻歸，服役二年後，妻家才厚遣其女回夫家。部落內，除戰爭外，一切皆從婦女之計。父兄死，妻後母，報寡嫂；寡嫂之小叔死，小叔之子可以伯母為妻；小叔若無子，再輪及其他伯叔。

烏桓人土葬，用棺。葬時親舊環坐，兩人誦咒文，殺一肥犬及死者生前所乘馬，燒衣物、服飾，歌舞，哭泣相送。相傳犬能護佑死者神靈返歸赤山（一說在今興安嶺南脈，烏桓人認為人死後魂婦此山），不致中途遭橫鬼遮攔。

烏桓人敬鬼神，祀天地、日月、星辰、山川及已故著名大人。以牛羊為犧牲，飲食必先祭。

與漢關係自匈奴擊破東胡後，烏桓勢孤力單，故役屬於匈奴。匈奴單于每歲向烏桓徵收牲畜、皮革，若逾時不交，便沒收其妻子為奴婢。漢武帝元狩元年，漢將霍去病擊破匈奴左地，因徙烏桓於上谷、漁陽、右北平、遼東、遼西五郡塞外，即今老哈河流域、泺河上游及大小凌河流域之地，為漢偵察匈奴動靜，並在幽州置護烏桓校尉，監領烏桓，使不得與匈奴通。

王莽執政，令烏桓不再向匈奴繳納皮布稅，匈奴遂劫掠烏桓人畜。王莽又驅烏桓攻匈奴，以烏桓妻子為質，以殺戮為威，烏桓遂降匈奴。

東漢初，烏桓常與匈奴聯兵擾亂代郡似東各地。建武二十一年，漢將馬援率軍往討，不勝。次年，匈奴內亂，且遭旱災蝗禍，烏桓又乘機攻擊之，匈奴轉徙漠北。漢光武帝劉秀乃以金、帛賄賂烏桓大人。二十五年，遼西烏桓大人郝旦等九百二十二人降漢，貢奴婢、牛馬及虎豹、貂皮等。漢乃封其渠帥、大人共八十一人為王侯、君長，許其內遷，使駐牧於遼東屬國、遼西、右北平、漁陽、廣陽、上谷、代、雁門、太原、朔方十郡鄣塞之內，其地大約相當於今東北大凌河下游、河北北部、山西北部和中部、內蒙南部、鄂爾多斯草原一帶。並置烏桓校尉於上谷寧城（今河北宣化），掌賞賜、質子、關市諸事。經明帝、章帝、和帝三世，漢與烏桓相安無事。

烏桓南徙後，原居地為鮮卑所占。少數留居塞外者皆歸降鮮卑，自二世紀初起，常助鮮卑、南匈奴寇掠漢邊；塞內烏桓則多從烏桓校尉抗擊鮮卑、匈奴。二世紀中，漢與南匈奴對抗，各郡烏桓亦各自為政，或從漢攻匈奴，或與匈奴聯兵攻漢。二世紀末，漢還頻頻利用烏桓騎兵鎮壓各地義軍。靈帝中平二年，令張溫為車騎將軍，發幽州烏桓三千騎至關內鎮壓涼州義軍。烏桓因數被徵發，死亡略盡，人心浮動，軍無鬥志，皆臨陣不戰，逃歸幽州各部。中平四年，泰山太守張舉、中山相張純等反，就利用幽州烏桓，寇掠青、徐、幽、冀四州，張純自號彌天安定王，為諸郡烏桓元帥。中平六年，張純死，烏桓軍亦隨之瓦解。

獻帝初平元年，遼西烏桓大人丘力居死，其姪蹋頓即位，有武略，統一遼東、遼西、右北平三郡烏桓。建安五年，袁紹被曹操敗於官渡，旋即病死。十年，紹子尚等往奔遼西，投奔蹋頓。十二年，曹操遠征烏桓，戰於柳城，烏桓敗績，蹋頓及各王以下被斬，降漢者達二十餘萬口。曹操使柳城降者及幽州、并州各郡烏桓共萬餘落徙居中原，妻子為人質，精壯隨軍作戰，由是三郡烏桓號為天下名騎。殘留故地的烏桓，因其地不久即為鮮卑所占，均與鮮卑融合；內徙者則漸為漢人所同化。

夫餘

亦作扶餘。西元前二世紀至五世紀活動於中國東北地區的民族之一。首見於《史記・貨殖列傳》。一般認為屬於通古斯語族。大約在戰國時期，夫餘已為華夏諸國所知。據西元一世紀保留的傳說，遠在北方的「北夷」有索離國，約當今嫩江上游松嫩平原。索離國王的後裔名東明，向南發展，渡過掩水（今松花江中游），占踞了今吉林農安、長春一帶，所謂「東夷之域」，亦即古代原始居民貉的原住地，遂稱夫餘國。它南與高句麗，東與挹婁、西與鮮卑為鄰；北有弱水，弱水即今嫩江或黑龍江。這地區「最為平敞，土宜五穀。出名馬、赤玉、貂納」，「以員柵為城，有宮室、倉庫、牢獄」。在國王之下，設馬加、牛加、豬加、狗加等官，各「加」分領數百至數千邑落。邑落的豪民役使「下戶」為奴僕，社會處於奴隸制階段。刑法嚴苛。正月祭天，斷刑獄。衣服尚白。兄死妻嫂。有軍事則祭天，殺牛、觀牛蹄以占吉凶。遇敵時，諸加各自為戰，使下戶輸擔糧草飲食。文獻所記夫餘的禮節、習俗、衣飾，和近年考古的遺存，都說明他們久已受華夏文化的影響。

漢武帝時，夫餘向漢朝貢。王莽為向「外夷」顯示威力，曾於始建國元年派遣印綬的五威將軍至夫餘。西元一世紀初至三世紀中，夫餘實力漸盛。自東漢光武建武二十五年起，不斷遣使朝漢，與漢基本上保持友好。而與高句麗、鮮卑對抗。安帝建光元年冬，高句麗圍攻玄菟郡時，夫餘王曾遣子尉仇台擊破之，解救了玄菟。順帝永和元年，夫餘王曾來漢京洛陽。以後，高句麗日趨強大，向西發展，漢邊軍退至西蓋馬（今遼寧撫順）；但夫餘仍親漢，西與鮮卑、南與高句麗對抗。東漢末及曹魏初，公孫氏勢力在遼東興起，夫餘屬遼東。公孫氏為利用夫餘抑制高句麗、鮮卑，曾以同族之女妻夫餘王。公孫氏亡後，夫餘又於魏明帝景初二年朝魏。

西晉建立後，夫餘王頻繁遣使朝貢。太康六年，慕容廆破夫餘，其王依慮自殺，餘眾走保沃沮。七年，晉武帝司馬炎遣東夷校尉何龕擊敗慕容，依慮之子依羅得以復國。晉永和二年，慕容鮮卑又大敗夫餘。其國勢因此大衰。北魏高宗時，夫餘王曾遣使朝貢。北魏太和七年，滅於高句麗。十七年。夫餘王室殘留故地者，復被勿吉所逐，遂北渡那水（嫩江及東流松花江），徙居今嫩江支流富裕爾河一帶，金代蒲與路治在富裕爾河沿岸並以此河得名，都因夫餘遺裔居於此河流域，是夫餘的對音。

山越

漢末三國時期分布於今江蘇、浙江、安徽、江西、福建等省部分山區古越族後裔的通稱。百越的一支（見越）。由於秦漢以來長期民族融合的結果，山越已與漢人區別不大，其中還包括一部分因逃避政府賦役而入山的漢人。所以山越雖以種族作稱謂，但實際上是居於山地的南方土著，故亦稱「山民」。以農業為主，種植穀物；山出銅鐵，自鑄兵甲。他們大分散、小聚居，好習武，以山險為依託，組成武裝集團，其首領稱「帥」，對於封建中央政權處於半獨立的狀態。

東漢末年，孫氏初定江東，境內山越眾多，分布極廣。他們往往與各地的「宗部」（一種以宗族鄉里為基礎而組織起來的地方武裝集團）聯合起來，與之對抗，成為孫吳政權的心腹之患。漢建安三年，袁術遣人以印綬與丹陽（今安徽宣城）宗帥祖郎等，使之激動山越，大合兵眾，圖謀共攻孫策，反為孫策討破。為了鞏固政權和掠奪勞動力與兵源，孫權從建安五年掌權之時起，即分遣諸將鎮撫山越。建安八年，孫權西征黃祖，正待破城之時，山越復起，嚴重威脅孫吳後方，迫使孫權撤兵。孫權東撤後，派呂範平鄱陽（今江西波陽東北）；程普討樂安（今江西德興東北）；太史慈領海昏（今江西永修西北）；以黃蓋、韓當、周泰、呂蒙等充任山越活動最頻繁地區的縣令長，悉平各地山越。建安二十二年，陸遜建議孫權，克敵定亂非眾不濟，而山越依阻深地，心腹未平，難以圖遠。於是命陸遜征討會稽、丹陽、新都三郡的山越，將俘獲之人強者為兵，羸者補為民戶，得精卒數萬人。吳嘉禾三年，孫權拜諸葛恪為撫越將軍，領丹陽太守。恪移書相鄰四郡，令各保疆界，然後分兵扼諸險要之地，將山越分割包圍。只修繕藩籬，不與交鋒。待其穀物將熟，縱兵芟刈，以飢餓迫使山越出山求活。諸葛恪將其中精壯四萬人選為兵士，餘者遷至平地充作編戶。經孫吳數十年的殘酷征討，江南絕大部分山越被迫出山，徙至平地，一部分用以補充兵源；一部分成為編戶，調其租賦，或為私家佃客。大量山越出山，對於江南經濟的開發起了重要作用，也大大加速了山越自身的漢化過程。雖然直到南朝末年，甚至隋初史籍中仍有關於山越的零星記載，但絕大部分山越此時早已同漢人完全融合。

中國古代巴族的一支，板蠻的又一稱謂。漢代規定巴族的渠帥羅、樸等七姓不輸租賦，其餘每戶歲出「錢」口四十文，巴人呼賦為，故當時稱之為貴人。人主要分布在巴郡閬中（今屬四川）和宕渠（今四川渠縣東北）一帶，沿渝水（今嘉陵江）和渠江兩岸居住。從事農業，長於狩獵，俗喜歌舞，敬信巫觋，驃勇善戰。部落首領有王、侯、邑君、邑長之分。相傳秦昭襄王時，白虎為患，人應募以白竹弩射虎有功，昭王乃刻石為盟，許其頃田不租，殺人者得以錢贖死。劉邦為漢王，發人定三秦，以功復其渠帥羅、樸、督、鄂、度、夕、龔七姓，不輸租賦。人自秦漢以來屢享復除，故世號「白虎復夷」；又因作戰以木板為盾，故又稱「板蠻」；當世又有「頭虎了」之號。

東漢時，羌人數攻漢中，朝廷發人擊敗之，號為「神兵」。桓帝時，朝廷加重對人的剝削和壓迫，更賦至重，又遭僕役楚，過於奴虜。有的嫁妻賣子，甚至自殘軀體。他們被迫邑落相聚，多次掀起反抗鬥爭。中平五年（一八八），巴郡黃巾舉義，人亦起兵攻占城邑，與之呼應。

漢末大亂，張魯據漢中，誘說宕渠一帶巴、首領杜、樸胡、袁約背叛益州牧劉璋歸己，劉璋亦發漢昌（今四川巴中）人為兵以拒張魯。張魯在漢中推行五斗米道，人敬奉，故多遷往。建安二十年（二一五年），曹操征張魯，魯一度敗走巴中，依杜、樸胡等，後張魯降操，「巴七姓夷王樸胡、邑侯杜」等亦率「民」、「巴夷」附操。操以胡為巴中太守，為巴西太守以拒劉備。後曹操放棄漢中，又將在漢中的「巴夷」、「民」

全部遷至關隴地區。西晉末年，關西因戰亂天災頻歲大饑，略陽、天水等六郡人民包括一部分原自漢中遷來的民共數萬家流入梁、益（今四川）就食。這些流民後來在人首領李特領導下於蜀中起義，建立大成政權。

人在秦漢以前居住比較集中，文化特點亦比較鮮明，如船棺葬和各種特殊形制與紋飾的青銅器，都頗有地方特色，巴渝舞更深為劉邦讚賞，成為漢朝廟堂歌舞之一種。漢以後，人與漢族以及其他蠻人如廩君蠻、盤瓠蠻融合的進程日益加快。漢末魏晉時期，不僅在原人十分集中的宕渠地區呈現出「巴夷」（即廩君蠻）與「民」雜居的局面，而且在原廩君蠻比較集中的巴東郡和原盤瓠蠻集中的地區涪陵郡，也都有不少人雜居其間。

羯

三國兩晉南北朝時，專稱以西域胡為主要成分的一種雜胡，或稱羯胡。東漢末至隋唐時，此名有時用為對北方諸族的泛稱。作為魏晉十六國時「五胡」之一的羯胡，有謂源於西域月氏諸胡，即所謂昭武九姓，曾附屬於匈奴，故又被稱為「匈奴別部」。匈奴衰亡後，南匈奴及一些原附於匈奴的部眾，於晉初大批內遷，有十九部，其中力羯、羌渠兩種可能與羯胡有關。有的舊史解釋族名起源，說他們主要分散居於上黨武鄉（今山西榆社北）羯室，因號羯胡。此外，今山西、河北及陝西渭水北諸山間也多有此族。他們與漢族雜處，主要從事農業，多山居，為漢族地主所奴役。相貌特徵為深目、高鼻、多鬚，通常用火葬，信仰「胡天」（祆教），姓氏有石、支、康、白等。晉永興二年，上黨武鄉羯人石勒等起兵反晉，西元三一九年年建後趙，為十六國之一。後趙末年，冉閔起兵，濫殺胡羯二十餘萬，其中因高鼻、多鬚被誤殺者近半，羯胡勢衰，後漸融入漢族之中。到隋唐時，羯或羯胡之名基本上變成了對北方諸族的泛稱。

柔然

五世紀初到六世紀中葉活躍於中國北方蒙古高原的游牧民族。係東胡苗裔，與鮮卑同源。有的史書記載說柔然是「匈奴之裔」、「匈奴別種」、「塞外雜胡」。他們辮髮左衽，居穹廬氈帳，逐水草畜牧，無文字，刻木以記事。

傳說柔然始祖名木骨閭（三世紀後半葉），是鮮卑拓跋部的奴隸。子孫採用與始祖之名聲音相近的郁久閭為氏。木骨閭之子車鹿會開始擁有部眾，四世紀中葉起自號柔然。魏太武帝拓跋燾改用音近而有貶義的蠕蠕。唐人修撰的《晉書》稱為蠕。南朝稱為

第一章　古代民族

芮芮。北齊、北周、隋史書中稱茹茹，可能是後來柔然族自己採用的漢字名稱。柔然等字的原義，東西方學者有種種推測，以為來源於蒙古語的「賢明」或「法則」，阿爾泰語的「異國人」或「艾草」等等，尚無定論。十八世紀中期以來，東西方學者長期爭論的一個問題即拜占庭歷史上的阿瓦爾人（Avars）是否即被突厥滅亡後西遷的柔然族，近年多數學者傾向於肯定這個說法，但仍有不同意見。

車鹿會的後裔社始立軍法，千人為軍，置將一人；百人為幢，置帥一人。作戰先登有賞，懦弱退卻者以石擊首殺之。柔然自此由部落聯盟進入早期奴隸制國家階段，且日益強大起來，吞併高車和匈奴餘種。西元四〇二年，社仿照鮮卑族曾稱首領為「可寒」之習，自稱可汗，作為最高統治者的稱號，以後突厥、回鶻、蒙古等族都沿用下來。柔然最盛時期，勢力北到貝加爾湖畔，南抵陰山北麓，東北達大興安嶺，與地豆於族相接，東南與西拉木倫河流域的奚、契丹為鄰，西邊遠達準噶爾盆地和伊犁河流域，並曾進入塔里木盆地，服屬了天山南路南北兩道諸國。

柔然與東方的北燕和西方的後秦和親，贈送馬匹，還經過吐谷渾和益州，與南朝的宋、齊、梁通好。其目的都是為了牽掣北魏，以便向南進攻。柔然夏季分散部眾畜牧，秋季馬畜肥壯，就背寒向暖，進入北魏境內，奪取所需糧食和物資。大檀原統別部鎮守西界，能得眾心，被推戴為可汗，多次進攻北魏。北魏始光元年大檀率六萬騎深入到雲中，攻陷盛樂（今內蒙古和林格爾北），魏太武帝親自抵禦，被柔然騎兵包圍了五十餘重。柔然成為北魏北面的嚴重威脅。從北魏太平真君十年，太武帝在滅夏、北燕、北涼的過程中，同時與柔然戰爭，七次率軍分幾道進攻柔然。文成帝和獻文帝在位時間不長，也都曾親自統兵出征柔然。長期戰爭中，雙方互有勝負。北魏神䴥二年五月，太武帝主動出擊柔然，取得一次重大勝利。魏軍捨棄輜重，輕騎前進，到達栗水（克魯倫河），大檀大敗西走，部落四散，牲畜布野。太武帝沿栗水西進，過漢將竇憲故壘，駐軍兔園水（土拉河），分兵追擊，北過燕然山（今蒙古杭愛山）。原服屬柔然的高車諸部也背叛柔然。柔然三十餘萬落投降，北魏俘獲戎馬百餘萬匹。背叛的高車部落，以後常常成為柔然內在的威脅。北魏皇興四年，北魏又一次大敗柔然，斬首五萬級，降者萬餘人。北魏在出擊之外，還致力於防禦。北魏泰常八年，東起赤城（今屬河北），西到五原（今內蒙古包頭西北），修築了長城。又先後在河套以北自西而東設置沃野、懷朔、武川、撫冥、柔玄、懷荒六鎮（見六鎮），派兵戍守，以拱衛京都平城。北魏與柔然並非始終處於敵對關係，在戰爭間歇時，也曾友好相處。文成帝的母親景穆帝妃，就是柔然人郁久閭氏。柔然族中不少人在北魏朝廷任居文武高位並與鮮卑貴族結為姻親。

魏孝文帝即位後，馮太后執政，多少改變了太武帝以來對柔然武力進攻為主的政策。柔然也改變方針，對北魏以媾和為主，如北魏承明元年二、五、八、十一月四次遣使，北魏太和元年三次遣使。另一方面，柔然勢力開始向西擴張，西元四六〇年吞併高昌，四七〇年進攻于闐。于闐向北魏求救，說西方諸國都已服屬於柔然。北魏以路途遙遠，沒有派兵。柔然又連連進攻敦煌，謀求割斷北魏通向西域的商路。北魏熙平元年至二年，柔然可汗醜奴遣使於魏，態度傲慢。朝廷有人主張不予覆書，未被採納。北魏對柔然的態度軟弱下來。

六世紀初柔然內訌，可汗阿那逃亡於魏北魏正光二年，北魏派兵送阿那北歸。柔然一度兩可汗並立，阿那在懷朔鎮（今內蒙古固陽西南）北，婆羅門居西海郡（今內蒙古額濟納旗東南）。後來婆羅門投向嚈，被北魏俘虜，阿那勢力逐漸強大。正光四年沃野鎮（今內蒙古五原東北）人破六韓拔陵起義，北魏借阿那的十萬兵力鎮壓。北魏朝廷在六鎮起義的打擊和爾朱氏之亂的紛亂局面下，日趨衰弱，而阿那兵馬日益強盛。西元四六四年，可汗予成開始用漢字建年號永康，阿那又仿北魏制度，建立一些官號。柔然族原信薩滿教，以後佛教也曾傳入，北魏僧人法愛作過柔然的國師。

魏分東西後，雙方都爭取與柔然結盟，以打擊對方。柔然也利用東西魏的分裂，更為驕橫，不斷南攻，東邊深入到易水，西邊到達原州（今寧夏固原）。六世紀中葉突厥日益強大，西元五五二年，突厥酋長土門（伊利可汗）因求婚於阿那被拒絕，發兵擊柔然，阿那大敗自殺。柔然餘部立鄧叔子為可汗，又屢被突厥木桿可汗打敗，西魏恭帝二年率千餘家奔西魏。柔然汗國滅亡，餘眾輾轉西遷。

高車

魏晉南北朝時期活躍於中國北部和西北部的游牧民族。自號狄歷，春秋時稱赤狄，西晉以後塞外各民族稱之為敕勒，北朝人稱為高車，遷入內地者被稱為丁零。原始居地在今貝加爾湖一帶，每當雄踞漠北草原的匈奴和鮮卑先後遷走或衰弱之機，高車就向南移徙，分布在三個主要的聚居地區：①從黃河河套經陰山直到代郡（今山西大同東北）之北的長城以北廣大地區；②隴西、秦、涼一帶；③內地最大聚居地區在今河北、山西、河南一帶。肥水之戰後，早已入居黃河流域的丁零族翟斌在新安起兵反抗前秦，西元三八八年翟遼在滑台（今河南滑縣東）建立了魏政權，史稱翟魏。為後燕所滅。

大漠南北游牧為生的敕勒各部，其車輪高大，有高車之名。他們尚處於部落或部落聯盟階段，保存母系制殘餘。四世紀末五世紀初，北魏九次發動對他們的戰爭，虜獲六七十萬人，置於漠南各地。還有很多敕勒部落在漠北服屬於柔然。五世紀末柔然在北魏打擊下趨於衰落，敕勒部落的阿伏至羅率眾十餘萬西遷。他在車師前部（今新疆吐魯番交河故城一帶）建立高車國（西元四八七至五四一年），共七主，前後約五十五年。高車國向南控制了通往西域的門戶高昌以及焉耆、鄯善，勢力東北至色楞格河、鄂爾渾河、土拉河一帶，北達阿爾泰山，西接烏孫西北的悅般，東與北魏相鄰。最後滅於柔然。

北魏統治下的內地丁零不斷反抗，安插在邊鎮為營戶的敕勒部人是六鎮起義的主力之一。柔玄鎮起兵的領袖杜洛周（或稱吐斤洛周）可能即是敕勒人。六鎮起義後，敕勒人轉戰中原，與中原各地的丁零一起融合於漢族之中。敕勒族喜愛歌舞，宋代郭茂倩緝《樂府詩集》中保存的《敕勒歌》是敕勒族的一首著名的民歌。

室韋

中國古代東北民族。又作失韋，或失圍。北魏時始見於記載。源於東胡，與契丹同類；在南為契丹，在北號室韋。居地在今黑龍江中上游兩岸及嫩江流域。以狩獵為業，多捕貂，養牛馬，食肉衣皮，也種植麥、粟、；夏時城居，冬逐水草。各部首領號「莫賀咄」，不相統屬。不時遣使至北周、北齊朝貢。後分為南室韋、北室韋、鉢室韋、深末怛室韋、大室韋五部，各不相屬，風俗習慣稍異，均為突厥所役屬。南室韋漸分為二十五部，每部酋號稱「大余莫弗瞞咄」。其俗男子被髮，女子盤髮，乘牛車。北室韋分為九部，部酋稱「乞引莫賀咄」，每部又有三「莫何弗」為副。曾派貢使向隋朝獻方物。唐代室韋分布益廣，多達二十餘部。其中居今額爾古納河一帶的「蒙兀室韋」，據說是蒙古部祖先。室韋與唐朝關係密切，不時遣使貢豐貂等，接受唐朝所授官職。唐貞元四年，室韋與奚襲擾振武（今內蒙古和林格爾北）。次年，遣使來謝罪。以後，又朝貢不絕。十世紀契丹建立政權過程中，部分室韋併入契丹。

嚈噠

古代中亞游牧部族。亦作嚈噠、嚈噠、滑等，即西方歷史上所謂「白匈奴」。嚈人起源於塞北，三七〇年代初越阿爾泰山西遷粟特，四二〇年代中渡阿姆河入侵薩珊朝波斯，被巴赫蘭五世擊退。四三〇年代末又南下吐火羅斯坦，逐走寄多羅貴霜人，遂以此為基地屢犯波斯。西元四五三年打敗伊嗣俟二世，西元四八四年殺死卑路斯，一度奪取了呼羅珊東部，迫使波斯稱臣納貢，以後雙方長期對峙。六世紀初，北上與高車爭奪準噶爾盆地及其以西地區，扶植傀儡，控制高車。同時，東進塔里木盆地，城郭諸國多被役屬，南道抵于闐，北道達焉耆，經由南北道與北魏、西魏、北周、蕭梁頻繁交往。五世紀中，嚈人乘打敗伊嗣俟二世之機，曾南侵笈多印度，不久，被塞建陀笈多擊退。七〇年代末，滅亡了乾陀羅的寄多羅貴霜殘餘勢力，立特勤為王，統治興都庫什山以南地區。六世紀初再次大舉入侵印度，一度推進至摩揭陀，終被馬爾瓦的耶輸陀曼戰勝，撤至印度河以西。約西元五五八至五六七年間，薩珊波斯與北亞新興的游牧部族突厥聯姻結盟，夾擊嚈噠。嚈噠國破，領土被分割，部眾散處中、南、北亞各地。

嚈人從事畜牧，長期逐水草移徙，進入中亞後，才走向定居，兼營農業。有刑法，盜一責十；葬以木為椁，累石為藏；有殉死、面。截耳等習俗，而以一妻多夫最為特異。其原始信仰不得而知，西徙後獨尊祆教。隨著景教勢力的東漸，部分成了景教徒。進入北次大陸者則逐步改宗婆羅門諸教派。嚈人不信佛，但未必迫害佛教，歷來認為嚈噠興起乃中亞佛教一劫之說不足憑信。嚈人無文字，語言系屬不明。其族源、族屬異說紛紜，如中國古史有高車、車師、大月氏、康居諸說。亞美尼亞、拜占庭、波斯、阿拉伯史家把它和匈奴、突厥乃至貴霜混為一談。近人除敷衍舊說外，更創悅般、柔然、蒙古、伊朗、鮮卑等說，迄無定論。

契丹

中古出現在中國東北地區的一個民族，至唐末強大。五代時建立契丹國，後改稱遼。契丹與奚並出自東胡，西漢時東胡為匈奴所破，退保鮮卑山，北魏時，始見契丹族名。原分八部，居潢水（今內蒙古西拉木倫河）之南，黃龍蕭綽蕭太后畫像（今遼寧朝陽）之北。常以名馬文皮貢獻北魏，並進行貿易。唐貞觀二年契丹首領摩會率其部落背突厥附唐。此時，契丹已形成部落聯盟，君長出自大賀氏。西元六四八年，契丹諸部皆請內屬，唐廷以其地置松漠都督府（今內蒙古巴林右旗南），以其首領窟哥為都督，封無極縣男，賜姓李氏。又置羈縻州十，各以其部落首領為刺史。契丹有別部酋領孫敖曹，唐武德四年附唐。其曾孫萬榮，武周垂拱中為歸誠州刺史，萬歲通天中，與其妹婿松漠都督李盡忠（窟哥之後）並為唐營州都督趙文所侵侮，遂舉兵殺文，據營州反，進攻河北地區，屢敗唐軍。武則天徵發大兵討之，借奚及突厥之助，始得平定。是後，契丹附於後突厥。唐開元三年，其首領李失活來附，唐廷復置松漠都督府，以失活為都督，封松漠郡王，玄宗又以甥女楊氏為永樂公主妻之。其後，契丹首領可突干再次叛唐，唐為防禦契丹，加強東北邊防兵力，建立範陽、平盧兩節度，重用胡人安祿山，結果釀成安史之亂。唐至德年間，奉侍圖契丹與唐保持朝貢貿易關係，但亦受崛起於漠北的回鶻控制。九世紀中葉回鶻破亡，契丹又歸順唐，唐賜以「奉國契丹之印」。

契丹本分八部，八部大人海三歲推一人為盟主，唐貞觀時，盟主常為大賀氏，西元七三〇年遙輦氏取代大賀氏。八六〇至八七〇年代，部落漸盛，征服鄰近部族如奚、室韋等。西元九〇七年，耶律氏代遙輦氏為盟主，西元九一六年耶律阿保機稱王，建國號契丹；西元九四七年改稱遼。契丹國勢遠及中亞，故中世紀中後期西方許多國家多以契丹指北部中國，這一名稱因十三世紀蒙古的西征，進而指稱全部中國。

党項

六到十四世紀活躍於中國西北地區的羌族的一支，故又稱党項羌。居今四川西北至青海河曲一帶山谷間。以姓氏為部落，一姓之中復分為小部落，大者五千至萬騎，小者千餘騎，無法令、徭役，不相統屬。大姓有細封氏、費聽氏、往利氏、頗超氏、野辭氏、房當氏、米擒西夏武士復原圖氏、拓跋氏，其中拓跋最強。党項拓跋氏，或謂即鮮卑拓跋氏。隋時党項各部有降隋者，如西元五八五年拓跋寧叢等率眾內附；亦有役屬於吐谷渾者。唐貞觀三至五年其大酋細封步賴、拓跋赤辭等先後率部歸唐，唐於其地析置羈縻州數十。後因吐蕃逼迫，唐徙拓跋等部於慶州（今甘肅慶陽），置靜邊等州以處之。留於原地者為吐蕃統治，吐蕃稱之為「弭藥」。安史之亂後，內遷党項又徙於靈（今寧夏吳忠東北）、慶、銀（今陝西米脂西北）、夏（今陝西靖邊北白城子）等州。西元七六五年後，因鹽（今陝西定邊）、慶等州党項與吐蕃鄰近，往往聯合入侵內地，唐再徙之於銀州之北、夏州之東。以後，居夏州者稱平夏部，居慶州者稱東山部，在夏州以南山地者稱南山部。東山部、平夏部且有移至石州（今山西離石）者，依水草而居。西元八四二年之後，振武軍、雲州、太原等處出現党項，當與遷至石州者有關。唐末，平夏部首領拓跋思恭助唐鎮壓黃巢起義，被授為定難軍節度使，賜姓李。五代時，拓跋思恭勢力增強。以夏州為中心的党項勢力控制了當時的中西交通線，從中繼貿易中獲利甚豐。宋寶元元年，思恭後代元昊正式即西夏皇帝位（即西夏景宗李元昊）。元時蒙古人稱党項及其所建西夏為唐兀或唐兀惕。

隋唐時活躍在中國東北部的民族。周秦到西漢時稱為肅慎，東漢至魏晉又稱挹婁，南北朝時稱勿吉。在歷史記載中，其名稱及地域雖稍有變動，但族源及族的主體基本未變。

南北朝時，勿吉各部分布在今長白山以北，松花江、黑龍江和烏蘇里江的廣大地區，東臨日本海。自北魏延興五年勿吉遣使到北魏朝貢後，與中原關係日益緊密，並逐漸興盛起來。北魏太和十七年，勿吉滅亡鄰近的夫餘，領土擴展到伊通河流域松遼平原的中心，為東北一支強大勢力。到隋代，勿吉被稱為，部落數十，主要有粟末、伯咄、安車骨、拂涅、號室、黑水、白山等七部，各部相距二三百里。以農業經濟為主，多粟、麥、穄，善養豬，富者多至數百口，亦從事狩獵。各部首領稱「大莫弗瞞咄」，不相統屬。其俗多穴居，婦女服布裙，男子衣豬狗皮。各部發展不平衡。粟末部在最南，較先進，居粟末水（今第二松花江）流域，常與高句麗征戰。隋煬帝楊廣即位初，首領突地稽率部千餘戶降，移居營州（今遼寧朝陽）。黑水部在最北，農業經濟發展較慢，分十六部，以勇健著稱。唐開元十年，黑水部酋倪屬利稽入朝，玄宗任為勃利州（今伯力）刺史。後在其境置黑水軍，又於其最大部落內置黑水都督府，仍以首領為都督。其餘各部隸都督府，設州，首領為州刺史，唐派長史監領之。十六年，唐賜其都督姓李，兼黑水經略使，隸幽州都督。其後，由粟末貴族為主體、聯合一部分高句麗貴族建立的渤海政權強盛，黑水及其餘皆附屬於渤海。

突厥

六世紀以後中國北方、西北方操突厥語的民族的名稱和它在六到八世紀建立的汗國的名稱。

突厥和鐵勒同族，語言同屬阿爾泰語系突厥語族。突厥以狼為圖騰，共有十個氏族（姓），其中以阿史那氏最顯赫，突厥諸可汗俱出此氏族。原居踐斯處折施山（今地不詳），後遷高昌北之北山（今新疆博格多山），掌握冶鐵技術。五世紀中葉，漠北柔然族強大，占據高昌一帶，突厥人被迫遷至金山（今阿爾泰山）南麓，受柔然統治者的蔑視，被稱為「鍛奴」。六世紀初，柔然衰落，突厥乘機發展勢力，在阿史那土門領導下逐漸強盛。土門曾派人到塞上市增絮，表示「願通中國」。西魏大統十一年，文帝派出使者酒泉胡人安諾陀到突厥，從此雙方開始正式交往。次年，土門幫助柔然討平叛亂的鐵勒諸部，勢力大張，因求婚被拒絕而與柔然斷交，轉而求得西魏長樂公主。西元五五二年土門發兵擊敗柔然，柔然可汗阿那自殺。土門自立為伊利可汗，是為突厥汗國建立之始，汗庭（牙帳）建於於都斤山（又作烏德、郁督軍山，今蒙古鄂爾渾河上游杭愛山，此山被操突厥語的部落視為聖山）。同時派其弟室點密西征，進行擴張。

突厥汗國是建立在草原游牧生活方式上的部落聯盟國家，大可汗是一國之主，汗國的強盛在很大程度上靠大可汗的武力及其個人威望來維持。大可汗之下常以兄弟子姪為小可汗，分領部落。下有葉護，葉護之下有設、特勤、俟利發、吐屯等共二十八等，皆世襲。汗庭周圍地區由大可汗直接統轄，其餘地區分為東、西二部（即左、右二部），每部置一設，東設牙帳直幽州之北，西設牙帳直五原之北。

西元五五三年，土門死，子科羅立，號乙息記可汗（一作逸可汗）。不久科羅死，弟燕都俟斤立，號木桿可汗。木桿可汗時突厥消滅了柔然，又在西面聯合薩珊朝波斯滅嚈噠，東逐契丹，北並契骨（黠戛斯），控制區域東起遼海，西至西海（今裡海），北至北海（今貝加爾湖），南至漠北，這是它最強盛的時期。西元五七二年，木桿死，弟佗鉢可汗立，中原的北齊、北周都畏懼突厥的勢力，爭與結好。西元五八一年佗鉢死，汗室內訌，導致西元五八二年攝圖取得汗位和西元五八三年東西突厥的對抗，突厥分裂為東、西汗國。

東突厥

又稱北突厥，鄂爾渾突厥文碑自稱藍突厥。東突厥的歷史又可分為前後兩汗國時期。

東突厥前汗國（第一汗國）時期佗鉢死，遺言由木桿之子大邏便繼位，大邏便母賤，國人不服，佗鉢之子羅母貴，國人立之，而大邏便又不服。羅不能制，就把大汗位讓與乙息記之子攝圖，是為沙鉢略可汗，居於都斤山；羅退居為第二可汗，居獨樂水（今蒙古土拉河）；大邏便自立為阿波可汗，居於沙鉢略之西北；沙鉢略弟處羅侯為突利可汗，居於沙鉢略之東北。此外，伊利可汗時統兵西征的室點密也在龜茲北鷹娑川（今新疆開都河上游）建牙帳稱可汗，名義上隸屬於都斤山的大可汗。西元五七六年室點密死，子玷厥繼位稱達頭可汗，擁有強兵；高昌以北還有貪汗可汗（世系失考）。在這種情況下，沙鉢略作為大可汗的權力十分有限，實際上形成了沙鉢略、第二、阿波、達頭、貪汗五可汗並立局面。隋開皇二年沙鉢略發阿波等部兵馬南侵，第二年隋出兵反擊，突厥敗走。沙鉢略藉口阿波先退，襲擊阿波。阿波投奔達頭，達頭協助他收集舊部近十萬騎，開始和沙鉢略互相攻擊，突厥正式分裂為東、西汗國。

沙鉢略既被隋朝打敗，又迫於東西分裂的不利形勢，不得不向隋求和。西元五八七年，沙鉢略死，弟處羅侯立，號莫何可汗，亦號葉護可汗，勇而有謀，以隋所給旗鼓，西擒阿波，後又西征，中流失卒。沙鉢略之子雍虞閭立，號都藍可汗，而處羅侯之子染干為突利可汗（小可汗）居其東北。兩可汗皆請婚於隋，隋採用謀臣長孫晟的離間計策，先後以宗女安義公主、義成公主嫁予染干，並令染干南徙，賞賜特厚。都藍怒而與隋絕交，數為邊患，並聯合達頭共攻染干，染干歸隋。隋先在朔州為染干築大利城，立之為意利珍豆啟民可汗（簡稱啟民可汗）；再遷染干游牧部眾於黃河南（今內蒙古河套南）夏、勝兩州之間。稍後，隋發大兵出塞擊都藍，都藍為麾下所殺，達頭遁走。隋仁壽元年，隋遣楊素率啟民北征，所得人畜盡歸啟民，啟民返歸北方。不久西突厥大亂，啟民又領有西突厥部眾。隋大業三年，啟民朝見隋煬帝於榆林行宮。西元六〇九年又朝於東都，這一年啟民死，於咄吉世立，是為始畢可汗，仍妻義成公主。

始畢因事怨隋，西元六一五年，圍煬帝於雁門，次年又寇馬邑，北方割據勢力如薛舉、王世充、劉武周、梁師都、李軌及農民軍首領竇建德、高開道等並皆交結始畢，以為聲援。這是東突厥最為強盛的時期。西元六一九年，始畢死，弟處羅可汗（西元六一九年立）、頡利可汗（西元六二〇年立）一再侵擾唐朝轄境。唐武德九年，頡利深入到長安附近，唐太宗親臨渭水與之結盟。唐貞觀三年，唐遣李靖、李世勣、柴紹、李道宗、衛孝節、薛萬徹等統領的十餘萬兵馬與反叛突厥的薛延陀部夾擊突厥，次年頡利大敗被俘，東突厥亡。漠北諸部相繼歸服唐朝，唐分置定襄、雲中兩都督府以統之。唐高宗初年又置單于、瀚海二都護府統轄其地。

東突厥後汗國（後突厥、第二汗國）時期創建者阿史那骨咄祿，本頡利可汗之疏屬，世襲吐屯啜。西元六八〇年，骨咄祿跟從頡利兄子阿史那伏念叛唐，唐遣裴行儉出征，翌年擒伏念。骨咄祿便糾集殘部進入總材山，漸至強盛，乃自立為頡跌利施可汗，以阿史德元珍為謀主。唐水淳二年起頻年南侵，成為唐北方大患。西元六九一年，骨咄祿死，弟默啜可汗立，東打敗奚、契丹，西降服鐵勒、回紇諸部，黠戛斯、突騎施、吐谷渾以及別失八里（今新疆吉木薩爾北）的拔悉密，拓境至於中亞河中地區的鐵門關（今烏茲別克斯坦南部布茲嘎拉山口），東西萬餘里，控弦稱四十萬。連年侵襲唐境，並與吐蕃呼應，為後突厥最盛時期。武周神功元年，默啜曾向武周求河曲六州降戶數千帳，並求粟種、農器，武則天給予穀種四萬斛，雜彩五萬緞，農器三千件，鐵四萬斤。這說明突厥此時已不專從事畜牧，農業生產也在發展。默啜在位二十五年，武功雖盛，而兵役嚴重，突厥部眾及所役屬的鐵勒、回紇等部落不能忍受。西元七一六年，默啜征討叛離的九姓鐵勒拔野古部，歸途中被拔野古散卒突襲殺害。默啜死，兄骨咄祿之子闕特勤糾合舊部，盡殺默啜之子小可汗匐俱兄弟及其親信。立兄默棘連為毗伽可汗，毗伽既立，用其父時舊人暾欲谷（有的學者認為就是骨咄祿的謀臣阿史德元珍）為謀主，聽他的勸告，減少了侵掠唐境的活動。西元七三四年，毗伽被大臣梅錄啜毒死，子繼立為伊然可汗，在位八年後死去。其弟繼立，稱登利可汗，年幼，不為國人所服。他的叔叔殺之，自立為烏蘇米施可汗。國中大亂，西元七四四年末（一說西元七四五年初），回紇的骨力裴羅攻殺後突厥白眉可汗，自立稱可汗，東突厥後汗國亡。

西突厥

西突厥的活動開始於室點密西征。西征中，西域原來的一些操突厥語的部落如處月、處密、突騎施等加入了突厥部落聯盟，鐵勒各部、葛邏祿、拔悉密等被迫役屬於突厥。室點密先是聯合波斯消滅了嚈噠，以後又同拜占廷結盟，和波斯展開了爭奪絲路貿易的戰爭。西元五六八至五六九年，拜占廷的使者到了室點密的汗庭（牙帳）鷹娑川。西元五七一年，突厥人進攻波斯，把邊界從鐵門關推進到了烏滸水（即縛芻水，今阿姆河）沿岸。五八八至五八九年突厥人可能占領了縛芻水西岸的部分地區。

西元五八三年，東、西突厥分裂，西突厥有阿波、達頭、貪汗三個可汗，但實際上勢力最大的是達頭可汗。阿波與東突厥作戰被俘後，鞅素特勤的兒子被立為泥利可汗。泥利死，其子達漫繼位，稱泥撅處羅可汗。當時東突厥都藍、啟民兩可汗互爭雄長，達頭聯合都藍進攻啟民。都藍死，達頭占據漠北，自稱步迦可汗。西元六〇三年，鐵勒、思結等十幾部背叛達頭投降啟民，達頭部眾潰散，他逃往吐谷渾後下落不明。西元六〇五年西突厥泥撅處羅可汗被鐵勒打敗，隨後又在達頭的孫子射匱攻擊下東走高昌，西元六一一年降隋。此後，射匱可汗統一了西突厥，廣開疆土，東起金山，西到西海、玉門以西諸國都在他的統治之下，汗庭建在龜茲北面的三彌山。西元六一八年，射匱死，弟繼位稱統葉護可汗，統葉護可汗把大汗庭遷到石國（今烏茲別克塔什干）北面的千泉；授西域各國以頡利發的稱號，每國派駐吐屯一人，收斂徵賦。這是西突厥最強盛的時期。武德末年，統葉護曾向唐朝求婚，但被東突厥頡利可汗阻撓而未實現。貞觀初年，統葉護被伯父所殺，西突厥內部變亂迭起，貴族爭立。西元六三六年，沙鉢羅利失可汗分西突厥為十部，各派一設統領，每設得一枝金鏃箭用作號令，故稱十設部落或十箭部落。並依所處地域分十部成兩廂：左廂五部在碎葉川（今楚河）以東，稱五咄陸部，部落酋長稱啜，共五大啜；右廂五部在碎葉川以西，稱五弩失畢部，部落酋長稱俟斤，共五大俟斤。左右廂統稱十姓部落，有的學者認為這或許同室點密率領西征的原十姓部落有關係。不管怎樣，按地域劃分居民應該看作是西突厥社會由血緣向地緣進一步轉變的一個重要發展階段。西元六五一年，阿史那賀魯自立為沙鉢羅可汗，建牙帳在雙河（今新疆博樂、溫泉一帶）和千泉，總領十姓部落，控制西域各國，領兵幾十萬。阿史那賀魯曾進攻過唐朝的庭州等地唐顯慶二年至三年，唐朝派蘇定方等統兵分幾路征討，俘獲賀魯，西突厥滅亡。唐朝設立陵、蒙池兩個都護府，以阿史那步真為池都護、繼往絕可汗，押五弩失畢部落；阿史那彌射為陵都護、興昔亡可汗，押五咄陸部落，屬地分置羈縻州府，統歸安西都護府（西元七〇二年以後一部分改屬北庭都護府）管轄。七世紀末，西突厥別部突騎施興起，代阿史那氏統治了原十姓地區，但唐朝支持的西突厥可汗後裔一直到西元七四二年才不見活動。

突厥人主要從事游牧業，隨水草遷徙，以氈帳為居室，食肉飲酪，冬裘夏褐，披髮左衽，善騎射。以角弓、鳴鏑（響箭）、甲、（長矛）、刀、劍為兵器，有冶鐵、鑄銅、造車等手工業，能紡織布（一種用蒿草纖維織成的粗布），善制魚膠、養馬。突厥馬筋骨合度，能長途奔馳，狩獵、作戰都很合用，經常用來與唐朝交換繒絮。

突厥汗國制定有反映私有制的刑法。徵發兵馬及收賦稅時，刻木為契並附上金箭，用蠟加封蓋印，作為憑信。

突厥有自己的文字。漢文史料中記載著突厥有碑銘；十七世紀末到十八世紀初，人們在葉尼塞河摩崖上發現了形態類似古日耳曼人的魯尼字體的文字；十九世紀末、二十世紀初在蒙古高原有了更多的發現，取得許多碑銘的完整照片和拓本。西元一八九三年，丹麥學者湯姆森解讀了銘文，確認是用阿拉米字母（一說直接來自粟特文字）書寫的突厥語，基本字母有三十八個，從右向左讀。在至今為止發現的突厥文碑銘中屬於突厥人的主要有闕特勤碑、毗伽可汗碑、暾欲谷碑（這些碑又因發現地點而被統稱作和碩柴達木碑）等，這些碑銘作為現存最早的突厥語文獻，在語言學、歷史學上都有重要價值。俄國學者拉德洛夫曾系統刊布過一批突厥文碑銘，同時嘗試編寫了《突厥方言辭典》；一九四〇年代，日本學者小野川秀美把突厥文碑銘初步翻譯成了日文；一九五〇年代，蘇聯學者馬洛夫再次對一些突厥文碑銘進行刊布，內容包括原文、轉寫和翻譯；在這一基礎上，蘇聯突厥學家克里亞什托內結合各種文字的史料對突厥碑銘進行了集大成的研究。闕特勤碑和毗伽可汗碑都有漢文部分，中國學者在清朝末年就參加了這一部分碑文的考釋工作。另外，由於近年發現了時代早於突厥文碑銘用草體粟特字銘刻的布古特碑，有的學者認為突厥汗國初期的公文用語可能是粟特語。近年在中國新疆和南西伯利亞、中亞等地還發現了許多屬於突厥的石人墓、石圈墓，這對於研究古代突厥人的文化也有著重要意義。

吐谷渾

中古活躍在今中國青海及甘肅、四川部分地區的民族。曾在四世紀建國至七世紀三〇年代，國名亦稱吐谷渾，立國約三百餘年。

史稱吐谷渾本鮮卑族前燕王慕容庶兄，分得部眾七百餘戶（一說一千七百戶），西遷至陰山。西晉末，又越過隴山，到袍罕（今甘肅臨夏）。其後擴展，統治今青海、甘南和四川西北地區的羌、氐等族，建立國家，以吐谷渾為姓氏、族名，亦為國號。南朝稱之為「河南國」，西北其他族又稱之為「阿柴（貲）虜」或「野虜」。後來吐蕃亦稱之為「阿柴」，唐代後期又稱為「退渾」、「吐渾」。

吐谷渾人主要從事畜牧，有良馬，名青海驄，號稱龍種。也從事農業，種植大麥、粟、豆、蔓菁。礦產有銅、鐵、硃砂。居穹廬、氈帳，後期漸有城居。

吐谷渾初屈服於西秦，及西秦為夏赫連定所滅，遂據有西秦故地，與北魏及南朝並有密切交往。其時南北政權對峙，河西走廊為北方政權據有，故東晉南朝與西域及柔然、高車交往，皆取道吐谷渾境內，吐谷渾成為使者、商人、求法高僧往返之要道，在中西陸路交通史上占有重要地位。五三〇年代至五九〇年代初，其主名誇呂，自號為可汗，都於青海湖西四十五里之伏俟城。通使於東魏、北齊，而與西魏、北周為敵，與隋亦常有軍事衝突。西元五九一年，誇呂卒，子世伏立，求和親，後隋以光化公主妻之。西元六〇九年，隋大舉進攻吐谷渾，其可汗伏允遁走，隋取其地置西海（今青海湖西）、河源（今青海興海東南）、鄯善（今新疆若羌）、且末（今新疆且末南）四郡。隋朝末年中原戰亂，伏允復其故地。唐初，伏允寇邊不已，唐貞觀九年，唐太宗命李靖率兵擊敗之，伏允為其部下所殺，唐立其質子慕容順為可汗。不久，慕容順為國人所殺，唐又立順子諾曷鉢為可汗，後妻以宗室女弘化公主。西元六六三年，吐蕃滅吐谷渾，諾曷鉢率其殘部奔於涼州。西元六七二年，唐又移其部於靈州，置安樂州（今寧夏中寧東南）以居之。留在故地的吐谷渾則為吐蕃所統治。其後吐蕃東侵，安樂州之吐谷渾又東遷至朔方（今內蒙古白城子）、河東等地。唐末有代北吐渾赫連鐸；五代時有代北吐渾白承福，都是東遷之吐谷渾，其後為契丹所統治。留在青海之吐谷渾，據國內學者研究，今居於青海互助、民和、大通及甘肅天祝等地之土族，即為其後裔。

壯族

自稱「布壯」，「壯」是「健壯」的意思，「布壯」就是「健壯的人」。「布壯」古稱「獞撞」或「撞丁」，見於南宋人李曾伯的《可齋雜稿》卷十七《帥廣條陳五事》，意思就是「強健的士丁」。此稱原指宜州一帶的「溪峒土丁」，後來它的意義擴大了，形成一個代表全族的名稱。

壯族的先民原是嶺南西部百越的一支，名為駱越，他們定居在今嶺南西部、滇東南和鄰國越南北部。兩漢以後，駱越這個名稱消失了，六朝時，有烏滸、俚、僚等稱。隋唐以來，又有西原、廣源和儂、沙等稱出現在嶺南西部壯族先民駱越的居地。駱越和此後這些族稱之間，保持著明確的繼承關係。

定居在嶺南西部的壯族先民駱越，秦漢時，已統一在中原王朝版圖之內，在經濟文化等方面，與漢族關係密切。秦朝修建靈渠，把長江流域同珠江流域溝通了，使中原和駱越的關係更加密切。從此來自中原的先進的經濟文化，如銅器、鐵器、牛耕等等，源源不斷地傳入嶺南西部，與此同時，也有一些嶺南西部的名貴產品，如麻布以及稍晚時期的棉布，輸入中原。今天壯族中保留著不少古代漢語借辭，也說明漢族和壯族在文化上的交流。

壯族經歷了比較完整的社會發展階段。壯族原始公社歷時甚長，當時的一些社會習俗甚至保留到很晚的時期，如「祖業口分田」、「插頭秧」等，就是原始公社時期土地公有制的遺俗。唐宋以來，壯族進入封建領主土地占有制階段，在文獻和傳說中，可找到不少資料佐證，它與中原古代的封建土地制度，頗有相同之處。至於漢唐之間壯族是否經過奴隸占有制階段，學術界的看法尚不一致。由於資料和研究的不足，一時難於作出確切的論斷，但從一些文獻上看，當時使用、買賣和掠奪奴隸的事實，確不容否認。

壯族封建領主土地占有制及其勞役制，同政治上的土官制度，互相糾結，密切連繫。土官制度保護著領主土地占有制，而領主十地占有制又是土官制度的統治基礎。壯族人民在這種土地關係和政治制度的雙重壓榨下，至晚從西元七世紀起，經歷了一千餘年。隸農附著於土地，飽受剝削，影響了社會經濟的發展，各方面的情況都比較落後。

由於中央王朝官吏貪殘暴虐，人民災難無窮；加之部落首領勢力強大，公開分裂，建制稱王，八世紀西原大部落、十一世紀廣源部落曾經發動了反抗唐宋王朝的戰爭。特別是西原發動的戰爭，是由羈縻土官的分裂活動，中原王朝的民族壓迫及王朝官吏的殘暴壓榨所引起，所以戰爭的性質就包括了這兩方面，其一是地方政權的分裂性質，另一是中央王朝的壓榨和民族壓迫性質。

儂智高是桂西廣源土州的首領。廣源州地處邕州之西，界於中國和交王朝之間，隸屬於邕州管轄，從來是中國領土。交王朝企圖併吞此地，脅迫儂智高歸順，遭到儂智高的堅決拒絕。儂智高曾請求歸屬宋朝，歲供方物，因為宋朝一味姑息，懦弱畏事，予以拒絕。「〔儂〕智高既不得請，又與交為仇」，遂於西元一〇五二年，建制稱「南天國」，發動了反抗宋朝的戰爭。首先攻下邕州，繼而沿邕江東下，沿江宋軍，望風潰退。儂軍經蒼梧，沿西江，直逼廣州。廣州久圍不下，儂智高撤軍西還。歸途擄掠婦女人口。次年，在賓州崑崙關一戰，被宋軍名將狄青打敗，全軍覆沒，儂智高逃奔大理國。在宋朝遣使迫索下，大理國「函首」送於宋朝知邕州蕭注。

烏古

遼、金時期占牧在蒙古東部地區的民族。有烏古里、於厥、羽厥、嫗厥律諸譯。主要以游牧為業。東鄰室韋，西面是它的姊妹民族敵烈，南接契丹。在海勒水（今海拉爾河）以北的稱三河烏古部，在海勒水以南的徑稱烏古部。神冊四年，被遼太祖耶律億征服。會同二年，遼以其地水草豐美，遷北南院所屬三石烈居處屯戍。其後，烏古叛服不定。遼聖宗耶律隆緒以所俘烏古人戶另置斡突烏古部。統和十二年，遼聖宗任皇太妃、蕭撻凜領西北路烏古等部，經略西北。二十二年，皇太妃奏置可敦城為鎮州（今蒙古鄂爾渾河上游哈達桑東北古回鶻城），又建防州（今蒙古哈達桑東南）、維州（今蒙古哈達桑），以控諸部，御韃靼（阻卜）。遼道宗咸雍四年，置烏古敵烈部都統軍司。大安中，經阻卜磨古斯之叛亂後，遼在蒙古草原上的控制愈難於維持。壽昌二年，徙烏古、敵烈兩部於烏納水鄰近地方，以控扼北邊衝要。金滅遼，西遼德宗耶律大石北走，聚眾掘可敦城，烏古部附西遼德宗，一部分人西遷，餘眾附金，被東徙至龐葛城（今黑龍江齊齊哈爾）耕墾。其後逐漸與鄰近的民族融合。

敵烈

遼、金時期游牧在蒙古東部地區的民族。有迪烈、敵烈得諸譯，與烏古為姊妹民族，分布在臚朐河（今克魯倫河）下游，西接韃靼（阻卜），東鄰烏古，有八部。遼太祖耶律億征服烏古部後，敵烈部於天顯五年降遼。此後敵烈與烏古對遼朝叛服不定。遼聖宗耶律隆緒以敵烈降人俘戶置迭魯敵烈部和北敵烈部。統和十二年，聖宗命皇太妃與蕭撻凜經略西北，二十二年，皇太妃奏置可敦城為鎮州（今蒙古鄂爾渾河上游哈達桑東北古回鶻城）及防州（今蒙古哈達桑東南）、維州（今蒙古哈達桑），以鎮脅敵烈諸部，並西捍韃靼。遼道宗咸雍四年，置烏古敵烈部都統軍司。壽昌二年，徙敵烈、烏古二部於烏納水，以扼北部之衝要。遼亡，敵烈部附西遼德宗耶律大石，其中一部分隨西遼德宗西遷，餘部降金，同烏古部東遷至龐葛城（今黑龍江齊齊哈爾）。其後逐漸與當地居民融合。

克烈

遼、金時代蒙古高原的強大部族。居地在土拉河、鄂爾渾河上游一帶。或譯作克列夷、怯烈、怯裡亦、客列亦惕、凱烈等。《遼史》稱為「阻卜」或「北阻卜」，亦作「達旦」。據《史集》記載：古昔此部之王生有八子，皆皮膚黝黑，因被稱為「克烈」，後來諸子之裔各成部落，自立姓氏，唯繼承王統的一支以克烈為名，其餘諸部都服屬於克烈之王。克烈分部見於記載者有：只兒斤、董合亦惕（或作斡栾・董合亦惕，斡栾意為多）、撒合亦惕、禿別干（或作土滿土伯夷，土滿意為萬）、阿勒巴惕。

關於克烈族屬，學者意見不一，或主突厥說，或主蒙古說。主突厥說者或認為是九世紀中葉隨黠戛斯南下的謙河地區部落，或認為是回鶻汗國滅亡後留居本土的回鶻遺民；主蒙古說者認為是唐朝中期西遷的九姓達怛後裔。元朝人視克烈為蒙古，陶宗儀《南村輟耕錄》將克烈列於「蒙古七十二種」中，與屬突厥語族的乃蠻、汪古、畏兀兒等劃入色目的部族區別開來。

十世紀中，克烈諸部被遼朝征服，遼任命其酋長為夷離堇、太師、大王等職，管轄本部，並置西北路招討司以統之，於其地建鎮州（故城在今蒙古布爾根省哈達桑東）等城，派兵戍守，經營屯田。十一世紀初，基督教聶思脫里派傳入克烈部（見也裡可溫）。遼道宗大康七年來貢的阻卜酋長余古赧，大安五年被任命為「阻卜諸部長」的磨古斯，都是基督教教名。磨古斯即《史集》所載王罕的祖父馬兒忽思．祿汗。大安八年，磨古斯舉兵反遼，至壽昌六年失敗，被遼朝捕殺。其子忽兒札胡思．祿汗收集部眾，戰勝蔑里乞、塔塔兒諸部，勢力復盛。忽兒札胡思立帳於回鶻故都窩魯朵城，分封子弟於東西境，忽兒札胡思死，長子脫里（又譯脫斡鄰）繼承汗位，殺戮諸弟。其叔菊兒罕發兵攻之，脫里敗，求援於蒙古乞顏部首領也速該，也速該率軍助攻菊兒罕，菊兒罕被迫逃往西夏，脫里復得克烈部眾、土地，與也速該結為「安答」。後其弟也力可合剌叛投乃蠻，引乃蠻亦難赤汗來攻，脫里不敵，逃亡西遼，輾轉經畏兀兒、西夏境回到漠北，得蒙古部幫助，又恢復了原先的勢力。時鐵木真（見成吉思汗）方興，因脫里與其父也速該系舊交，復與結盟，尊之為父。金章宗承安元年，遣丞相完顏襄鎮壓塔塔兒部叛亂，脫里率部助金，擊潰塔塔兒於斡裡札河，金朝封以王號，遂與原有汗號合稱王罕。其後，王罕和追隨他的鐵木真一同征服諸部，追擊乃蠻至黑辛八石（又譯乞則里八寺，今新疆吉力庫勒和布倫托海）之地，滅蒙古泰赤烏部於斡難河（今蒙古鄂嫩河），擊潰札木合聯盟於海剌兒河（今海拉爾河），敗乃蠻不欲魯汗於闊亦壇山。克烈部成為蒙古高原最強盛的勢力，王罕被尊稱為「也客罕」（大汗）。他的夏季駐地在達蘭達巴（蒙古鄂爾渾河上游之西）和古泄兀兒湖（在蒙古土拉河南），冬季駐地在汪吉河（蒙古翁金河），分軍為左、右翼，並擁有一支強大的護衛軍。西元一二〇三年，王罕忌鐵木真勢力日盛，發兵攻打，會戰於合蘭真沙陀（在今蒙古東方省南境），鐵木真敗退至班朱尼河（約在今克魯倫河下游附近）。王罕恃勝而驕，張設金帳，連日歡宴。鐵木真兵力逐漸恢復，出奇兵偷襲王罕營帳，徹底打敗克烈軍，盡並其部眾。王罕逃入乃蠻部境，為乃蠻邊將所殺；其子亦剌合·桑昆到處流竄，最後逃到曲先（今新疆庫車），為當地首領所殺，克烈亡。因王罕曾強盛一時，十三世紀東來的歐洲旅行家多認為他就是傳說的東方基督教國王長老約翰。

成吉思汗建國後，將克烈人分編入各千戶。在蒙古國和元朝時期的后妃、大臣、將領中，有不少著名的克烈人。王罕弟札阿紺孛之女唆魯禾帖尼嫁成吉思汗幼子拖雷，生蒙哥、元世祖忽必烈、旭烈兀、阿里不哥四子，地位最尊。克烈人作為蒙古民族的組成部分，一直存在著，後來的衛拉特蒙古和鄂爾多斯、察哈爾等地蒙古族中，均有克烈姓氏。

青唐羌

吐蕃族（藏族）的一支。九世紀末葉吐蕃王朝瓦解，族種分散，不相統一。宋初在秦鳳路沿邊、西涼府及河湟流域一帶，都分布著吐蕃族，其中以宋人稱呼為「青唐羌」的廝羅一系聲勢最著。廝羅（西元九九七至一〇六五）是吐蕃贊普之後，意為「佛子」。他被大僧侶李立遵和大首領溫逋奇所擁立，初居廓州（今青海化隆回族自治縣），繼遷宗哥（今西寧市東大小峽谷地帶），又徙邈川（今青海樂都），最後定居青唐（今青海西寧）。在遼、宋、西夏鼎峙互爭的新形勢中，河湟吐蕃出現了「立文法」的建政活動。廝羅以政教合一的統治形式，聚眾日多，把割據分裂的吐蕃部落基本統一起來。他和契丹使聘往來，通婚結好，並與宋朝友好結盟，共同防禦西夏。在廝羅部將近百年的統治期中，青唐一帶生產發達、商旅雲集，呈現繁榮景象。這時，「絲路」中的河西走廊，因西夏崛起，商旅往還多所梗阻，青唐城成為東西交通的樞紐。其西臨谷城（今西寧市西郊通海區），有道路通青海湖，循湖而西，即徑入西域，西域各國及回鶻商人均經此至青唐，與中原西來的商賈相貿易，廝羅部以此富強。廝羅死，第三子董氈繼位。董氈死於西元一〇八三年，由養子于闐人阿里骨接替。西元一〇九六年阿里骨死，子瞎征繼位。宋元符二年，吐蕃首領內訌，宋取邈川、青唐置湟、鄯二州，不久又棄失。宋崇寧二年，宋再取湟州，次年取鄯州、廓州，改鄯州名西寧州。金人興起，征服其地，青唐羌勢力趨於衰微。

金齒

民族名。初見於唐代著錄，與黑齒、銀齒、繡腳、繡面等人並舉，指今日傣族先民，因其人以金鏤片裹齒得名。拉施都丁《史集》作 **zardandān**，波斯語「金牙齒」之意。《馬可．波羅行紀》記載，其人用金作套如齒形，套於上下齒，男子都如此，婦人則不套。明代以後，傣族已不見有此俗。金齒又衍變為地名，一般指居民以金齒人為多的雲南西南部地區，主要包括今雲南省德宏傣族景頗族自治州及保山、臨滄等地區之一部分。元世祖中統二年設金齒安撫司。至元十年分金齒為東西兩路，十五年改安撫司為宣撫司，二十二年省合剌章、金齒二宣撫司為一，治永昌（今雲南保山），二十八年立金齒等處宣慰司都元帥府。明太祖洪武十八年置金齒衛指揮使司於永昌，二十三年升為金齒軍民指揮使司，永昌因此也有金齒的稱號。

羅羅斯

元朝用以專指今四川西昌地區和涼山彝族自治州的羅羅人及其居住地的名稱。又譯羅羅思、魯魯厮，或作羅羅章。「羅羅」即今彝族，「斯」、「思」、「厮」是蒙古語複數語尾 -s 的譯音，「章」則為地區之意。唐於此建越郡，後為南詔所並，置建昌府，當地人稱建都，故此地原有越、建昌、建都等名稱。兀良合台鎮大理時，羅羅斯各部降，後又叛。元世祖忽必烈時平服後，設羅羅斯宣慰使司都元帥府總轄其地，治建昌，隸四川行省。至元十九年，撥屬雲南行省，改為羅羅斯宣慰使司兼管軍萬戶府，定製轄建昌等三路一府，羅羅斯由此成為這個地區的專名。羅羅斯宣慰使司設宣慰使三員，同知、副使各二員，起初都由朝廷任命，以後也並用世襲土官。明洪武十五年，罷宣慰使司，置建昌衛指揮使司，三路一府改為四府，分別隸屬四川都指揮使司和布政使司，羅羅斯之名便不再用。

乃蠻

十一、十二世紀蒙古高原西部操突厥語的部落。又譯乃馬、乃滿、蠻、奈曼、奈蠻、耐滿。相傳乃蠻最早住在吉利吉思地區，其族源可能同唐代南下的黠戛斯人有關。許多學者認為，《遼史》所載黏八葛，《金史》所載黏八恩，都指的是乃蠻。遼道宗壽隆三年，黏八葛首領禿骨撒與蒙古草原的阻卜、梅里急（元譯蔑里乞）部長同來貢方物。遼亡，耶律大石自立為王，率眾經乃蠻部西行，於是乃蠻附屬於西遼。金世宗大定十五年，黏八恩君長撒裡雅寅特斯與康里部長孛古遣使來朝，請求上納西遼所發牌印，歸附金朝，接受金的牌印。伯希和認為，黏八葛或黏八恩是腭音很重的契丹人對乃蠻一詞的讀法。

《史集》記載，起初乃蠻境內有別帖乞和乃蠻兩個近鄰的突厥部落。別帖乞比克烈和乃蠻更強，後被乃蠻所並，成為乃蠻的屬部，稱為別帖乞乃蠻或別帖乞乃蠻萬戶。乃蠻也因此成為蒙古高原諸部中「國大民眾」、勢力最強的大部。他們游牧於大阿爾泰山及其周圍廣闊的地域內，東面與克烈部為鄰，南隔沙漠與畏兀兒相望，西到也兒的石河（今額爾齊斯河）與康里人接壤，北抵阿雷和撒刺思河（今鄂畢河上游支流）地區，毗連吉利吉思之境。

最早見於記載的乃蠻國君是納兒黑失．太陽及其弟亦難赤汗。亦難赤汗又稱亦難赤．必勒格．卜古汗。他曾發兵助王罕之弟也力可哈剌攻王罕，奪取克烈部眾給也力可哈剌。亦難赤汗死，其二子不和，終於導致分裂。次子拜不花繼承其父太陽汗位，長子稱不欲魯汗，避居於黑辛八石（又譯乞則裡八寺海，今新疆吉力庫勒和布倫托海）周圍的山地，自成一支，稱為「古出古惕乃蠻」。

乃蠻當時已脫離了原始的部落階段，具有簡單的國家機構。其國君專稱為太陽汗。太陽一詞來源於漢語的大王，可能是乃蠻首領從遼朝得的「北面屬國職名」。卜古、不欲魯則是借用突厥、回鶻的汗號和官稱，其他王室和部將的名字也都是突厥語詞，可見乃蠻主要是繼承了突厥、回鶻的文化傳統。乃蠻國家機構中通用畏兀兒文字，「出納錢谷，委任人才，一切事皆用」畏兀兒字金印「以為信驗」。基督教聶思脫里教派在乃蠻得到廣泛的傳播，但巫術仍是乃蠻統治者控制人民的手段，傳說乃蠻某個國君可以同時統治凡人和精靈，還說不欲魯汗有「使神巫，祭風雪」的法術。

乃蠻雖因國君兄弟的分裂而大為削弱，但仍是兩股強大的勢力，曾分別與克烈和蒙古進行過多次相互掠奪的戰爭。西元一二〇三年，成吉思汗滅克烈部，造成對乃蠻的直接威脅。西元一二〇四年春，太陽汗進兵杭海山（今杭愛山），糾集被成吉思汗戰敗的各部殘軍，討伐蒙古，成吉思汗起兵迎敵，大戰於納忽山崖，乃蠻軍大敗，太陽汗負重傷而死。成吉思汗追擊至按台山（今阿爾泰山）前，征服了太陽汗的乃蠻部眾。

太陽汗之子屈出律逃往不欲魯汗處。西元一二〇六年，蒙古軍又向不欲魯汗駐地兀魯塔山進發，當時不欲魯汗正在莎合水（今蒙古科布多河上游索果克河）附近圍獵，倉猝應戰，兵敗被俘。依附於不欲魯汗的屈出律和蔑里乞部長脫脫逃往也兒的石河（額爾齊斯河）流域。蒙古軍從阿來嶺（今蒙古賽留格木嶺烏蘭達巴山口）越過按台山，在不黑都兒麻河（今哈薩克斯坦額爾齊斯河支流布赫塔爾馬河）擊潰乃蠻和蔑里乞軍，脫脫被射死，屈出律逃往西遼。

屈出律被西遼皇帝直魯古所接納，娶直魯古女為妻，並放棄基督教而改宗佛教，逐漸博得了直魯古的信任。屈出律到葉密立、海押立和別失八里等地，收羅了許多逃亡的乃蠻殘部，自成一支勢力，同花剌子模算端摩訶末等一起叛遼。西元一二一一年秋，屈出律伏兵將直魯古擒獲，奪取了西遼帝位，尊直魯古為太上皇。屈出律取得統治權後，對企圖擺脫西遼壓迫的屬部加強鎮壓。他殺害了阿力麻裡的首領斡匝兒汗，派兵進入可失哈耳和斡端等地，連年毀壞當地的莊稼，將士兵分駐居民家中，迫使人民放棄伊斯蘭教改宗基督教和佛教。西元一二一八年，成吉思汗派哲別征西遼，屈出律當時在可失哈耳，聞訊西逃至巴達哈傷的撒里渴兒地區，被蒙古軍擒斬於山谷中。

乃蠻滅亡以後，人民被分配給蒙古諸王和那顏為奴，部分人逃往中原，參加了完顏陳和尚的忠孝軍，與攻金的蒙古軍作戰，「每戰則先登陷陣，疾若風雨」，十分勇敢。屈出律的後人成為答魯乃蠻氏，其中一支後人在元朝作官。

弘吉剌

蒙古語族的一部。最早出現於《遼史》，按契丹讀法 Onggirad 譯為王紀剌，《金史》按女真的讀法 Gonggirad 譯為廣吉剌或光吉剌。與此相應，元代也有甕吉剌、雍吉剌、雍吉烈、吉里、吉剌和弘吉烈、晃吉剌兩類譯法。蒙文史書《黃金史》、《蒙古源流》和波斯文《史集》皆拼寫成 Qonggirad，證明後一類譯音反映蒙古多數人的讀法。

據《史集》記載，所有蒙古人分屬於蒙古尼魯溫和迭兒列斤兩大族系。弘吉剌是迭兒列斤的一支，金代散居於呼倫湖東南；其別部孛思忽兒則居於呼倫湖和額爾古納河以東，北至得爾布爾河一帶。迭兒列斤和尼魯溫兩部相互通婚，成吉思汗幼年就同弘吉剌孛思忽兒部首領特薛禪之女孛兒台定了親。以帖木哥阿蠻為首的弘吉剌部，多次參與反蒙古部的聯盟。特薛禪則支持成吉思汗，並最先率部歸服。因此，成吉思汗建國，將全體弘吉剌人劃為三千戶，封特薛禪之子按陳、孫赤窟等為千戶長。弘吉剌部參加了征金、平西夏等歷次戰爭，並逐漸擴充為萬戶。西元一二一四年，成吉思汗分封新得自金朝漠南的土地，將老哈河、西拉木倫河流域及其西北、東北地區賜給按陳弟兄，從此弘吉剌部遷到了漠南。

西元一二三七年，窩闊台汗有旨：弘吉剌氏「生女為後，生男尚公主，世世不絕」。成吉思汗、蒙哥、元世祖忽必烈、元成宗鐵穆耳、武宗、元仁宗愛育黎拔力八達、泰定帝、元文宗圖帖睦爾、寧宗、元順帝妥歡貼睦爾的皇后都出自弘吉剌氏；弘吉剌貴族也相繼娶歷代皇帝和宗王之女。按陳死後，弘吉剌萬戶由子納陳的後裔繼承，因五戶絲食邑在濟寧路，屬古魯國地，故先後被封為濟寧郡王、濟寧王和魯王，所娶公主都封魯國公主。

赤窟的曾孫昌吉駙馬，世祖時出鎮西寧州，因此這支弘吉剌人遷到了青海。赤窟的食邑在濮州，原郡名濮陽，故昌吉等先後被封為寧濮郡王、濮陽王。濮州治鄄城，所娶公主都封鄄國公主。又因昌吉新分地西寧州在岐山以西，其弟脫脫木兒又進封為岐王。

至元七年，納陳子斡羅陳於答兒海子（今內蒙古克什克騰旗達裡諾爾）西建城名應昌。元貞元年，斡羅陳弟蠻子台於駐冬地建城名全寧（今內蒙古翁牛特旗烏丹城）。後以這兩城為中心設路，各領一縣。達魯花赤、總管及以下官屬，都由魯王自選。應昌、全寧二路地處漠南，地勢較好，與中原物資交流方便，經濟文化比漠北各部有較大發展。王府牧場「畜馬牛羊累巨萬」。牧業以外，出現了專業的弘吉剌種田戶。王府有人匠總管府，聚集了許多為貴族服役的各種手工匠人。由中原通往漠北的主道從答兒海子經過，元朝正式設帖裡干（蒙語，意為車）驛道，軍隊和商旅的往來，糧食的貿易、倉儲和北運，促進了這裡商業和城鎮的發展。

弘吉剌貴族同元朝皇室一樣，大多信奉佛教。應昌、全寧修了不少寺院。此外，又仿照中原各地建孔廟，辦儒學，修建東嶽、三皇等神廟。魯國大長公主祥哥剌吉喜好收藏繪畫，傳世元畫中有不少是她的收藏品。

元亡，順帝出奔上都。洪武二年六月，明將常遇春等率軍到全寧，敗元軍，進兵上都。順帝逃往應昌，三年四月死在這裡。五月，明軍進據應昌。七年，李文忠又進軍全寧，斬魯王，獲魯王妃。十四年，明將沐英等進軍公主山長寨，獲全寧弘吉剌四部以歸。從此，弘吉剌部趨於衰落。

汪古

金元時期陰山以北部族。或譯雍古、王孤、甕古、旺古、汪骨、汪古惕。拉施都丁《史集》解釋說：金朝皇帝為了防禦蒙古、克烈、乃蠻等部，修築了一道大牆，蒙古語叫 unkuh，交給該部守衛，因此得名汪古。

唐會昌元年，回鶻為黠戛斯所破，其一部南走，定居於陰山地區。故其貴族與高昌回鶻一樣，以卜國可罕為始祖。唐末，此部同李克用率領的沙陀部關係密切，可能有部分沙陀人融合，因此又自詡為「晉王」、「沙陀雁門節度」（即李克用）的後裔。後臣屬於遼。金滅遼，又臣屬於金，在此期間，又吸收了一些從西域內遷的回鶻人、亡遼的契丹人，以及鄰近的漢人和西夏人。繼回鶻之後，韃靼部在漠北稱雄，漠北諸部一概被稱為韃靼，汪古在唐、五代史書中也被認為是韃靼「別部」。但汪古的基本成分是由操突厥語的各部人結合而成，容貌和面的習俗同蒙古人有明顯差別，故遼、金時稱他們為白韃靼，以區別於蒙古語族的韃靼或黑韃靼。元朝將汪古列入色目人中。

十二世紀末，淨州以北的邊牆建成，汪古部主攝叔、阿剌兀思剔吉忽裡兄弟相繼為金朝守邊，稱北平王。西元一二〇三年，成吉思汗滅克烈部，乃蠻太陽汗遣使約汪古一起對抗蒙古，阿剌兀思將太陽汗的意圖報告成吉思汗，並發兵會合蒙古軍同攻乃蠻。成吉思汗以阿剌兀思自動歸附，乃任命他為五千戶汪古人的首領，許嫁以女兒阿剌海公主，並相約兩家世代通婚，敦交友之好，互稱「安答」、「忽答」。

阿剌兀思長子不顏昔班、姪鎮國、次子孛要合相繼襲位，稱北平王，娶阿剌海公主。孛要合次子愛不花娶忽必烈女，至元間稱為丞相，主汪古部事。愛不花長子闊里吉思繼任，元成宗鐵穆耳時，受封高唐王，娶成宗女，鎮守西北邊境，被篤哇軍俘虜後遇害。其弟術忽難襲高唐王，又進封王、趙王。術忽難傳位闊里吉思子術安，術安娶泰定帝姊。從此，汪古部主相繼襲爵趙王。

汪古部原住邊牆以外，其中心為黑水（今內蒙古達茂旗艾不蓋河）附近的按打堡子。蒙古滅金，又據有淨州（今內蒙古四子王旗城卜子村）、砂井（今四子王旗紅格爾公社）和集寧（今內蒙古察右前旗巴彥塔拉公社土城子）等地。按打堡子在元代建起城池和王府，初稱新城，後改名靜安，又改德寧（今內蒙古達茂旗鄂倫蘇木）。集寧、德寧、淨州和砂井元代都升為路，各領一縣，是趙王的直屬領地，由他自選官吏治理。

汪古人和汪古領主的屬民也散布在陰山以南和中原廣大地區。元代還有幾個著名的汪古家庭。淨州馬氏於金末遷開封，在金、元兩朝世代任官，其中馬祖常是元代著名的文學家。按竺邇出身陰山邊塞，因出征甘陝四川等地有功，任征行大元帥。其孫趙世延，官至御史中丞，中書平章政事。鞏昌另有一支汪氏，世襲鞏昌等路便宜都總帥。

汪古人主要經營畜牧業。少數人會種秫，元代出現了專業的「種田白達達戶」。元朝在汪古部領地設置驛站，開闢了木鄰驛道，通往漠北；又設榷場、和糴所和官倉。集寧、德寧、淨州和砂井等地，因處於交通要道，官民貿易發達，形成了一些城鎮和村落。從各城鎮的遺蹟判斷，當地已有燒製磚瓦、陶器和冶鑄銅鐵等手工業部門。

汪古部處在不同文化的各民族之間，許多人通曉多種語言文字、教育程度較高，有人專以充當通譯人為業。汪古人多信奉聶思脫里派基督教，取基督教名，墓石刻十字和敘利亞方銘文，專設管理諸路也裡可溫總管府治理。汪古部主也扶持佛寺，尊禮高僧，同時又崇尚儒家，集寧、淨州、德寧城中都建有孔子廟，設有學校。闊里吉思曾建萬卷堂收藏經史。

元亡，末代趙王汪古圖降明，不少汪古人遷至內地。

畏兀兒

元朝西北族名。宋代稱高昌回鶻，元代稱畏兀兒。漢文文獻中，還有畏吾兒、偉兀、偉吾而、衛吾、委兀、外五、瑰古、烏鴿、畏午兒等不同譯法。

畏兀兒據有以合剌火州（又稱高昌）和別失八里為中心的地區，其君主稱亦都護，乃借自突厥拔悉密人的稱號，即「神聖陛下」之意。西遼稱雄中亞，畏兀兒被迫臣服。西遼派出的少監駐合剌火州進行監治，「驕恣用權，奢淫自奉」。亦都護巴而術·阿而忒·的斤決定依靠蒙古反抗西遼，於是殺少監，歸降成吉思汗。成吉思汗稱他為第五子，嫁以也立安敦公主，保留亦都護世襲統治畏兀兒的權力，並在別失八里、合剌火州等地派駐達魯花赤。窩闊台、貴由相繼任命回回人麻速忽總管徵收畏兀兒至河中地區的稅賦。蒙哥以訥懷、塔剌海同麻速忽充別失八里等處行尚書省事。

元世祖時，西北諸王與大汗對抗。海都和帖木迭兒、篤哇及其弟布思麻曾先後侵入畏兀兒地區，包圍合剌火州。後諸王軍又侵襲哈密力，亦都護火赤哈兒的斤戰死。子紐林的斤繼亦都護位，被迫遷駐甘肅永昌。元朝為了對付海都、篤哇等，至元二十三年在畏兀兒地區設置了別失八里、和州（即合剌火州）等處宣慰司都元帥府。成宗時又設北庭都元帥府。同時在亦都護之下相繼設畏兀兒斷事官、領北庭都護府、大理寺、大都護府等官府，管理畏兀兒人的民政。仁宗封亦都護為高昌王，設王傅官，頒發金印。鈐用亦都護印的文札通行於畏兀兒境內，高昌王印的文札則對散居在內地的畏兀兒戶通行。

哈剌火州所在的吐魯番盆地是畏兀兒的中心地區，農業很發達，畏兀兒人民除種植小麥、大麥、稻、高粱、黍、豌豆等糧食作物外，還種植大麻、芝麻、棉花、苜蓿等油料作物、紡織原料和飼料，尤其擅長種植西瓜、甜瓜、葡萄、石榴等瓜果。手工業方面，加工金銀銅鐵，紡織布帛絲臬，工藝都很精巧。至元十三年，元朝遷移了一批畏兀兒工匠至大都，設別失八里諸色人匠局，專門織造御用領袖納失失（波斯語，一種絲織品）等緞匹。合剌火州釀造的葡萄酒味道極美，為當時東西方的記載所稱道。吐魯番曾出土大量木板印刷的經文，計有畏兀兒、漢、梵、西夏、藏、蒙等文字十七種。在敦煌曾發現過大德四年刻的畏兀兒文木活字，差不多與王禎的木活字同時。察合台曾開設一條由山丹州起，經過河西走廊、畏兀兒境直到他駐幕地的驛道。元朝建立後，這一驛路仍然暢通，別失八里和彰八里（今新疆昌吉）成為全線驛站的樞紐，這對畏兀兒地區的貿易有很大促進作用。至元十七年，元朝設置畏兀兒境內交鈔提舉司。二十年，又設立畏兀兒交鈔庫。中統鈔和至元寶鈔在畏兀兒境內通用。

畏兀兒人很早已使用本民族的文字。畏兀兒知識分子常被其他民族統治者所器重。如塔塔統阿曾被乃蠻太陽可汗尊為師傅，掌其金印及錢谷。後來成吉思汗又令諸皇子跟他受學。哈剌亦哈赤北魯曾被西遼皇帝聘為諸子師，降蒙古後，又教太子、諸王用畏兀兒字書寫蒙古語。岳帖木爾、昔班、孟速思和布魯海牙分別為斡赤斤、窩闊台、拖雷所用，或訓導諸王子，或專管分邑歲賦和軍民、匠戶。日久一批畏兀兒人就成了大汗和諸王的親信，有關軍事、政治、財政、司法各方面的文字工作，常由他們擔任。其中不少人因此在朝廷晉居要職。有一些畏兀兒人是兼通蒙、漢、藏、梵文的翻譯家，掌管「譯寫一切文字及頒降璽書」的蒙古翰林院，主要由他們擔任翰林學士、承旨等職務。其中有的將《貞觀政要》、《資治通鑑》等漢籍譯成蒙文，有的將蒙文典章譯成漢文。畏兀兒僧人還將梵、藏、漢文佛經譯為蒙文。《遼史》、《金史》、元歷朝實錄的纂修都有畏兀兒人參加。廉和貫雲石是著有漢文詩文集的畏兀兒作家，貫雲石尤精於散曲。搠思古斡節兒寫了一部關於蒙古語的著作《心箍》。魯明善的著作《農桑衣食撮要》和薩德彌實的著作《瑞竹堂經驗方》是畏兀兒人對中國農學和醫學的貢獻。

回鶻在漠北時信仰摩尼教，西遷後統治者又接受了高昌盛行的佛教。基督教聶思脫里派、祆教也在百姓中流行。十一世紀後，黑汗王朝統治下的可失哈耳（今新疆喀什）

等地人民已改信伊斯蘭教，並逐漸傳到亦都護轄境，蒙哥汗時，穆斯林在社會上已有相當影響。元末察合台後王改信伊斯蘭教，其他宗教都被排擠。

畏兀兒人民由於戰亂等原因大批遷到甘肅、陝西等地。南陽、襄陽、烏蒙等地都有畏兀兒軍和農民遷駐或從事耕墾。畏兀兒人種植棉花、西瓜、苜蓿、葡萄和釀製燒酒的經驗，有的在元朝才傳播到內地，有的則在這一時期得到較普遍的推廣。

吉利吉思

元朝謙河（今葉尼塞河上游）流域的民族，即唐代的黠戛斯。《遼史》中譯為轄戛斯。元代又有紇裡乞斯、乞裡乞四、乞兒吉思、乞而吉思，乞裡乞思、乞咬契、怯裡吉思等異譯。《元朝祕史》以蒙文複數形式譯作乞兒吉速惕。吉利吉思人語言屬突厥語族。經濟以畜牧業為主，居廬帳，逐水草游牧，冬天則跨木馬（雪橇）滑雪打獵。少數人從事農業。土產名馬，白、黑海東青，貂鼠等。境內有城鎮和村落。

十三世紀初，吉利吉思分成許多部，首領稱為亦難。西元一二〇七年，成吉思汗遣使招降吉利吉思各部，其首領斡羅思亦難等向成吉思汗獻禮歸降。西元一二一七年，吐麻部發動反抗蒙古統治的起義，吉利吉思人拒絕成吉思汗令他們派兵參加鎮壓的旨意，起而反抗。成吉思汗命長子術赤領兵征伐，征服了從謙河至亦馬兒河（今鄂畢河）的吉利吉思等部，將吉利吉思分成九個千戶。

成吉思汗死後，吉利吉思和謙謙州成為幼子拖雷及其妻唆魯禾帖尼繼承的領地，以後又傳給拖雷幼子阿里不哥。至元七年，元世祖忽必烈任命劉好禮為吉利吉思等五部斷事官，下設經歷、知事等官員，將此地區置於直接統治之下。劉好禮整頓了吉利吉思原有的屯田，減低所納租額。朝廷還派遣南人一百名帶農具到此幫助耕種。

至元十年以後，吉利吉思等地成為元朝同叛王海都、脫鐵木兒等爭占之地。二十八年，元朝設置了從斡亦剌（今蒙古國德勒格爾河及俄羅斯小葉尼塞河上游）經憾合納（今俄羅斯大葉尼塞河上游地區）、烏思（今俄羅斯烏斯河流域）到吉利吉思的驛道。三十年，大將土土哈領兵收服吉利吉思等五部之眾，屯兵鎮守，恢復了元朝的統治。同時將大批吉利吉思人遷至遼東合思合和山東等地，一部分與烏思、憾合納人一起遷往肇州地區，設朵因溫都兒千戶所。

水達達

元朝對黑龍江下游、烏蘇里江流域以至朝鮮東北部沿海居住的以漁獵為生的部落、部族的泛稱。又作水韃靼。

水達達最初似專指朝鮮記載所稱的「闊兒看兀狄哈」，此種人在今大彼得灣以北顏楚河流域，「水居，以捕魚為生」。闊兒看又作骨乙看、骨看；闊兒看兀狄哈又名水兀狄哈或水吾狄介（清人記載稱此種人為庫爾喀，又稱庫雅喇，更日東海瓦爾喀）。後來水達達則泛指烏蘇里江以東以西，黑龍江下游的吾者野人、吉里迷、女真等等，因此又常與他們相混稱。

義大利人普蘭諾·卡爾平尼的《蒙古史》稱蒙古人有四種，其一種為Sumon-gol，即水蒙古。《黑韃事略》記載，被蒙古「殘虐」的諸國之中西南方有「斛速·益律干」（原注「水韃靼也」）。元人周致中所撰而內容顯然經過篡改的《異域志》載：「無速蒙古在海島中，有城池房屋。其人頗富，出貂鼠。其國近西蕃。」三者皆指水達達而言，但後兩者誤記了水達達的地理方位。蒙古進兵遼東，水達達各部先後被征服。據元人記載，最初征東行中書省之下有合蘭府水達達田地；後遼陽行中書省之下又有合蘭府水達達路，管轄桃溫、胡里改、斡朵憐、脫斡憐、孛苦江五軍民萬戶府。萬戶府下有阿速古兒千戶所等以及其他管理水達達民戶的機構。關於合蘭府和水達達路的地望，說法不一。有人認為，合蘭府遠在今朝鮮鹹鏡北道鹹興城南五里之古城。也有人認為它並不單獨存在。水達達路之名雖數見於《元史》等書，但它與遼陽行省下的開元路轄區重疊，又無明顯的區劃與治所。因此，有的學者根本否認此路的存在，認為所謂「水達達路」只是指水達達的居住地；有的學者只否定了合蘭府，但認為有水達達路，並分別出水達達路與開元路的地界。

水達達以捕魚、捕青鼠和貂鼠或採珠（宋人稱北珠而清人稱東珠）為生，有簡單的農業，養狗駕拖床（爬犁），並善於造船，以此服役於元朝的軍隊與驛站（狗站）。他們以名鷹海東青為貢品。元順帝至正六年，遼陽路等為捕捉海東青侵害其民，發生了吾者野人和水達達的反抗鬥爭。

兀者

部落名。又作吾者、斡者、斡拙。遼代稱烏惹、兀惹、烏若、烏舍、熱；金、元兩代又稱烏底改、兀的改、兀的哥；或稱野居女直、兀者野人（一作吾者野人）。兀者或兀者野人是一種泛稱，它用以稱呼廣布於松花江下游直到黑龍江下游以及精奇裡江南北、烏蘇里江東西從事漁獵和採集的許多不同族屬的部落。元人周致中的《異域志》區分野人為大小兩種：大野人相當於清人所記的奇勒爾、畢勒爾、鄂倫春、赫哲等；小野人「以黥面為號」，與元《開元新志》所記「文面椎髻」的「女直野人」相當。

兀者以捕捉貂、鼠、水獺、海豹、鷹鶻等為生，養狗駕拖床（爬犁）。善於造船，一種是頭置杈丫木根如鹿角狀、兩舷蕩槳的五板船，名「黃窩兒」（或譯「廣窟魯」）；另二種是名「威孤」（或「威呼」）與「札哈」的獨木舟。金大定二十六年，烏底改叛金，世宗命人「毀其船筏，欲不使再窺邊境」，即指這類船隻而言。

大德元年以前，已有「管兀者吉烈迷萬戶府」的設置，除對當地人民進行統轄外，兼護理自黑龍江至庫頁島的驛道——狗站。至正三年，「遼陽吾者野人叛」。六年，又因元朝前往捕捉海東青煩擾百姓，吾者野人和水達達皆叛。元順帝命太保伯撒裡為遼陽行省左丞相，前往鎮壓。七年，再「討吾者野人」。十五年八月，重立「吾者野人吉烈迷等處諸軍萬戶府於哈兒分之地」。哈兒分，又作合兒賓、合裡賓、合裡賓忒、哈里賓，更稱哈州，約當今俄羅斯境內阿紐依河入黑龍江處附近。明代習稱兀者為野人女直，《女真譯語》作「兀的厄捏兒麻」，捏兒麻意為「人」，釋為野人。清代有各種以「窩集」命名的部落，即指兀者。

骨嵬

元朝對今庫頁島和它的居民的稱呼。元人所修的《開元新志》稱苦兀，明初建立於奴兒干地方的《永寧寺碑》作苦夷。清代文獻除庫頁一名外，還有庫野、庫葉等稱呼。元以前的骨嵬名稱，一說即唐人所記的「流鬼國」，另一說則認為是唐人所記的窟說（亦稱屈說）。

元代骨嵬隔賽哥小海（今韃靼海峽北端）與吉烈迷（今 Gilemi 人的先民）為鄰，經常過海侵掠吉烈迷，為此自至元元年（一二六四）至至大元年（一三〇八）元兵數次遠征骨嵬，並正式將它列入版圖。

色目人

元朝對除蒙古以外的西北各族、西域以至歐洲各族人的概稱。「色目」一詞源於前代，意為「各色名目」。元人使用「色目人」之名，就是指其種類繁多。當時色目人有多少種，說法不一。元末人陶宗儀在《南村輟耕錄》中列舉了三十一種，清人錢大昕的《元史氏族表》則列為二十三種。據近人核查，陶、錢所列既有重出，也有錯漏。因為當時西域、歐洲人的民族成分很繁雜，元人對他們的譯名又不劃一，所以不可能精確地記載元代色目人的種數。常見於元人記載的色目人，有唐兀、乃蠻、汪古、回回、畏兀兒、康里、欽察、阿速、哈剌魯、吐蕃等等。色目人在元朝的建立和統一全國的過程中大量進入漢族居住地區，他們受到元朝的重視，被列為全國四等人中的第二等人（見四等人制），待遇僅次於蒙古人。色目的上層人物，有的是軍隊將領，有的是政府官員，有的是勾通官府的大商人。色目官員在元朝各級政府機構中占有一定地位，他們可以擔任漢族官員不能擔任的職務，如地方政府的達魯花赤；一般則規定蒙古人任達魯花赤，漢人任總管，色目人任同知，以便互相監督。在科舉考試和人仕方面，色目人享有的優遇幾乎與蒙古人相同。色目人犯重刑，與蒙古人一樣由大宗正府處置。但是，元朝給予色目人的優遇只能使他們的上層人物受益，下層色目人則像普通的漢人那樣，處於無權地位，有不少貧苦的色目人淪為奴婢。色目人進出漢族居住區，對促進漢族與西北各族之間以及中國與西方各國之間的經濟、文化交流起了很大作用。一些久居漢族地區的色目人深受漢族文化影響，有的還為漢族傳統文化的發展作出了貢獻。

瓦剌

明人對西部蒙古的稱呼。元時稱斡亦剌，又作衛拉特或衛喇特。最初居住在八河地區（今葉尼塞河的八條支流地區）。人數眾多，有若干分支，各有自己的名稱。元時開始南下，定居於阿爾泰山麓至色楞格河下游的廣闊草原的西北部，並改狩獵經濟為畜牧經濟，兼營部分農業。瓦剌有四大部或四萬戶，簡稱「四」（蒙古語 Dörben，都爾本）。其名稱各書記載不盡一致，其中包括許多古老的蒙古語部落和突厥語部落。

明初對韃靼用兵，使瓦剌首領猛哥帖木兒乘時而起。明成祖朱棣即皇帝位後，即派使臣告諭瓦剌部。永樂六年馬哈木等遣使向明朝貢馬請封。七年，其首領馬哈木、太平、把禿孛羅分受明封為順寧王、賢義王、安樂王。三王中馬哈木勢力最強。為爭奪蒙古汗位，瓦剌與韃靼部頻繁爭戰，勢力各有消長。八年，明成祖北征，韃靼勢衰，瓦剌乘機南下。十年，攻殺韃靼的本雅失裡，進而南下攻明。十二年，明成祖北征瓦剌，直至土剌河（今蒙古人民共和國境內的圖拉河）。翌年，馬哈木等貢馬謝罪。不久馬哈木死，傳子脫。宣德九年，脫襲殺韃靼部的阿魯台，正統初又殺賢義、安樂兩王，統一蒙古。他立元皇室後裔脫脫不花為可汗，自為丞相。正統四年脫死，子也先嗣，稱太師淮王。至此，瓦剌勢力極盛。正統十四年，也先大舉攻明，宦官王振挾英宗親征，敗於土木堡，英宗被俘（見土木之變），也先直犯京師，但被於謙所卻，只好與明講和，送還英宗。此後，也先與脫脫不花間的矛盾加劇。也先恃強，殺脫脫不花，自己取而代之，日益驕橫，景泰六年被殺。

也先死後，瓦剌部落分散，逐漸衰落，內部事態鮮為人所知。但對外則西侵謝米列契地，並沿錫爾河洗劫了塔什乾等城；向東爭奪哈密，一度攻入肅州城，以求開拓東西方通道。一部分瓦剌人則向青海、甘州等地陸續轉移。也先之後約一百五十年，哈剌忽喇興起。

哈剌忽喇與馬哈木、脫歡、也先祖孫一樣，亦出身於綽羅斯部。約與其同時，還有和碩特部首領拜巴噶斯。二人先後為瓦剌四部盟主。此時瓦剌的分布地在額爾齊斯河左岸低窪地帶，其牧場地可直達伊賽克湖。清代，瓦剌分為杜爾伯特、準噶爾（綽羅斯、厄魯特）、土爾扈特、和碩特四部（見厄魯特蒙古）。

兀良哈

明人對東部蒙古的稱呼，又名朵顏三衛。洪武二十二年明太祖朱元璋置泰寧衛、朵顏衛、福余衛指揮使司。因朵顏衛地險而強，且為兀良哈人，故以兀良哈概括三衛。

泰寧衛的蒙古語名「罔流」（或往流），即翁牛特部，首領系遼王脫脫（成吉思汗末弟鐵木哥斡赤斤四世孫）之後。福余衛自稱我著（或我著），女真語密林之義，也惠寧王之後，科爾沁等部淵源於此。朵顏衛日五兩案，即兀良哈異譯，創始者脫兒豁察兒乃成吉思汗功臣折裡走之後，為喀喇沁、東土默特二部的始祖。三衛所轄區域以嫩江為中心，東起烏裕爾河，西至洮爾、綽爾兩河流域。靖難之役後，明成祖朱棣以三衛騎兵從戰有功，把大寧衛之地予兀良哈，大寧等衛內撤以後，三衛逐漸南下，明朝中晚期，朵顏衛分布廣闊，東自大鹼場（今遼寧喀左），北至西拉木倫河，西迄延慶州四海治（今北京延慶東），南達寬城（屬河北）；福余、泰寧兩衛的居地東達遼河中下游，最南端可至海城一帶，東北一部分到松花江流域，西南至小興州（今屬河北灤平）與朵顏衛一些部落參錯居住。明朝授三衛首領以都督、都指揮、指揮、千百戶等官，決定其更襲和升遷，並頒給敕書，以憑朝貢。規定三衛每年兩貢，每次各五百人，由喜峰口出入，貢物有馬、駝等物。永樂初，還在遼東開東原和廣寧（今遼寧北鎮）等地設立馬市，與三衛市易馬匹。儘管三衛時而寇掠明之邊地，但總的說來，他們尚能服從明朝中央政權管轄。弘治、正德年間，朵顏衛首領花當（即和通）勢力自遼東遠達於宣府（今河北宣化市）邊外。由於三衛屏捍，自立三衛至嘉靖年間的一百五六十年中，平灤諸州未遭蒙古侵擾之禍。明清戰爭中，三衛先後服屬於清。

此外，明人也稱唐努山等地烏梁海為兀良哈（又名之曰「黃毛」），名同實異。

女真

東北古代民族。中文文獻中又有慮真、朱先、珠爾真、朱理真、諸申、朱里扯特、主兒扯惕、拙兒察歹等不同寫法。一般認為其與肅慎、挹婁、勿吉、有淵源關係。守墓武官像五代時，契丹人稱黑水為女真，從此該名取代，遼代因避興宗耶律宗真諱改稱女直。其後多有沿用者。

遼代女真臣服於遼。契丹人依據統治方式的不同，分其為熟女真和生女真。熟女真以曷蘇館女真為主。居住在今遼寧及吉林南部。其人戶編入遼之戶籍，按戶抽丁，稱為系籍女真或系遼籍女真，首領接受遼官號與信印。生女真分布在黑龍江中下游、松花江中下游及長白山等地，不屬遼直接管轄，人戶不入遼戶籍，只納貢賦，稱為不繫籍女真或不繫遼籍女真。契丹人還按其分布地區，把女真分為南女真、北女真、黃龍府女真、順化國女真、長白山女真、濱海女真、乙典女真、衍女真等。各部互不統屬。宋人則把遼統治下的女真劃分為熟女真、回跋、生女真、東海女真、黃頭女真。遼代女真語言基本一致，習俗相近，地域相鄰，基本從事同一經濟類型，兼營漁獵和農業，但比重不同，反映了各部之間社會經濟發展的不平衡。

生女真中的完顏部逐漸強大，從事農業生產，掌握了冶鐵技術，出現了私有財產，階級分化明顯。該部於北宋政和五年建立國家，國號為金，加彩文官俑太宗天會三年滅遼，取代其在東北的統治。在此過程中，完顏部實現了女真的第一次軍事統一，將女真人完全編入猛安謀克，計口授田，保聚土地，從事耕戰，並創制了女真字，與漢字同為金朝通用文字。金代統治時期，女真社會有顯著的發展，完成了從奴隸制向封建制的轉化。宋端平元年（金天興三年）金亡於蒙古。遷入中原各地的女真人與漢人雜居，逐漸融合於漢族。元代統治時期，留居東北地區的女真人又分裂為許多部落。元朝在東北設遼陽行省，下設開元路、合蘭府水達達路、奚關等總管府，再下分設萬戶府，管轄女真人。元代女真人較普遍地有了農業，但留居東北邊疆者仍多逐水草為居，以捕魚或射獵為業，比金時女真的社會經濟水平有所落後。元末明初，女真各部開始了大遷徙，原居住於牡丹江下游的各部南下到圖們江、綏芬河等地。據《大明一統志》記載，女真東瀕日本海，西接兀良哈，南鄰朝鮮，北至奴兒干、北海（今鄂霍次克海）。

明代女真是族種的泛稱。明人通常將女真劃分為三大部分：建州女真。為元代斡朵里、胡里改等部女真；海西女真，為居住在海西（今松花江東）直到黑龍江的各部女真；野人女真，是居住在海西女真以北、以東及建州女真東北的各族體的泛稱。正統年間以後，建州女真主要部分從圖們江流域遷到渾河上游蘇子河流域，東北起圖們江、西南至鴨綠江下游，均為其活動地區。海西女真由海西江南下到開原以北的廣大區域，形成扈倫四部（即清文獻中的葉赫、哈加彩文官坐俑達、烏拉、輝發部）。明代建州女真和海西女真與漢人、朝鮮人互市，獲取農具、耕牛，擄掠漢人、朝鮮人為奴隸，役使其耕作，農業得到了顯著的發展。其社會組織已由哈拉（即氏族）的血緣組織為主發展為嘎珊（即村寨）的地緣組織為主，並普遍出現設防的統治中心，稱為和通或和屯（即城），軍事氏族貴族已有役使奴隸耕作的拖克索（即莊園），女真人內部的階級分化也迅速發展。野人女真落後於建州女真和海西女真。明為借女真之力牽制蒙古，對女真採取招撫政策，廣設羈縻工所，官其酋長為都督、都指揮和千、百戶長，以及同知、鎮撫等，給敕印，分賞賜，使各統其部，分而治之，隸屬於奴兒干都司。海西女真人亦失哈（亦信）為明廷內官，於永樂九年至宣德八年間，屢受朝命出使奴兒干。明政府並在開原立安樂州，遼陽立自在州，安置女真之歸化人。明朝政府命女真各衛所憑敕書來京師進行敕貢貿易，厚往薄來；並在開原、撫順等地開設馬市，接待女真人以其馬匹及其他土特產來交換農具、耕牛、糧食、布匹等物。嘉靖二十年以後，女真各部群長爭雄，搶奪敕書，先後出現強酋王台、王杲、王兀堂等，體現了女真族群統一的歷史趨勢。

建州女真的努爾哈赤自明萬曆十一年起兵，經過三十多年的戰爭征服了建州女真各部、扈倫四部和黑龍江呼爾哈、東海女真各部，基本上統一女真，建立國家，國號仍為金，史稱後金。天啟六年（後金天命十一年）努爾哈赤卒。其子皇太極繼位，於明崇禎八年（後金天聰九年），宣布廢除女真稱號，規定只稱滿洲，代表著滿族共同體的形成。次年改國名為清。從此滿族代替女真為族名，女真其餘各部亦各以赫哲、鄂倫春、鄂溫克等族名通行，女真一名在清代漸行消失。

滿洲

滿族的族稱。十七世紀初，以明代東北地區建州、海西女真後裔為主，吸收了一些外部成員，形成了滿族共同體。明代女真的先世是先秦以來就居住在東北的肅慎、邑婁、勿吉、和金代的女真。明代女真曾分成許多大小部落，滿洲是建州部所屬的一個小部落，努爾哈赤父祖即屬於該部落。後來因為努爾哈赤起兵實現了女真各部的統一，滿洲這一名稱隨之也逐漸顯赫並用之稱呼整個女真。但當時明朝官私著述中都沒有用過滿洲這一名稱，他們經常用的的建州或女真（直）。朝鮮人也稱他們為建努爾哈赤像州或女真。滿族自己則或稱女直，或稱諸申。西元一六一六年努爾哈赤（即清太祖努爾哈赤）即汗位，建立金（後金）。由於肅慎、女真和諸申都是同音的演變和漢字的不同寫法，而不同的稱呼對清朝統治產生不利影響，有必要予以統一。早在西元一六三五年，清太宗皇太極就明確規定，滿族人一律稱滿洲，不準稱諸申。乾隆四十二年，清朝下令編纂《欽定滿洲源流考》，再一次肯定滿洲為部族名。有清一代滿洲一直作為民族的名稱，同漢、蒙、回、藏等並用。迄今所稱滿族就是滿洲族的簡化。至於滿洲二字的含義如何，現在尚無一致意見。清代官方的代表性看法是，滿洲二字來源於西藏每年朝貢稱曼珠師利大皇帝，曼珠漢譯為妙吉祥，滿洲是由曼珠演變而來。但西藏於明崇禎十五年（清崇德七年，一六四二）才向清朝朝貢，滿洲這一名稱此前已存在。另一說是，明代初期女真曾出現一位赫赫有名的李滿住，滿住遂成為部落名稱，後由滿住之音而轉為滿洲，這一說法較前者可信。實際上，滿洲的來源最大可能是建州。建州是明朝統治的地區名，滿洲也近地名，二者具有淵源關係。清朝統治者避諱其先人曾受明朝統治，便有意把滿洲稱為族名。

蒙古

特指明末至辛亥革命前居住在中國北部的蒙古族。十五世紀末，蒙古達延汗統一漠南，將東蒙古（《明史》稱「韃靼」）分為左右兩翼各三萬戶。左翼有察哈爾、烏梁海、喀爾喀；右翼有鄂爾多斯、土默特、永謝布。這六萬戶基本上就是清代內蒙古六盟的起源。十六世紀中，土默特阿勒坦汗（漢籍稱「俺答汗」）強盛，西逐西蒙古（《明史》稱「瓦剌」，清稱「厄魯特」）於杭愛山以西，左翼喀爾喀萬戶取其地稱「外喀爾喀」，即清代漠北喀爾喀蒙古（外蒙古）的起源。西蒙古，清初據有杭愛山以西，分四部：和碩特、準噶爾、杜爾伯特、土爾扈特。后土爾扈特部移牧伏爾加河下游，以輝特部補之，仍稱四厄魯特（見厄魯特蒙古）。後和碩特一部移牧西套、青海，是為漠西蒙古和青海蒙古各部的起源。

清太祖努爾哈赤以建州衛興起於東北，首先統一女真各部，次及近鄰蒙古各部，到其子清太宗皇太極時，已統一漠南蒙古。漠北喀爾喀、漠西厄魯特見漠南為清所並，曾一度聯合，但不久即瓦解。漠北三汗向清進「九白」（白駝一、白馬八）年貢，漠西四部也先後與清廷建立了貢市關係、成為職貢之國。順治、康熙、乾隆年間，漠北、漠西蒙古封建主不斷內附，清廷都給安置了牧地。除貝加爾湖布里雅特蒙古外，都已歸入清朝統一的版圖。

清在關外時，最初將蒙古編入滿洲八旗，後設蒙古衙門，有承政、參政等官專司蒙古事務。太宗崇德三年，改為理藩院，設尚書、侍郎，專司蒙古及番部封授、朝覲、貢獻、黜陟、徵發等事。對蒙古各部仍保持其原有牧地和封建主的權力，政治組織和社會制度則行其原有的盟旗制度，但略加變更，使實權掌握在旗一級。雍正以後又加強了地方官員對蒙古盟、旗兵馬事務的監督。盛京、吉林、黑龍江三將軍監督哲裡木盟；熱河都統監督卓索圖、昭烏達兩盟；察哈爾都統除轄察哈爾八旗外，監督錫林郭勒盟；綏遠城將軍除轄歸化城、土默特兩翼外，監督烏蘭察布、伊克昭兩盟。寧夏將軍、陝甘總督分別節制阿拉善、額濟納。外蒙、新疆也都類此。對蒙古形成了中央集權和地方監督相互配合的統治方式。

清廷對蒙古只徵調兵馬，賞貢獻一向厚往薄來，且有年班、朝覲制度，禮遇優厚。札薩克皆按滿洲親王、郡王，貝勒、貝子、鎮國公、輔國公六等授爵，其下又保留蒙古原有的台吉（原意為太子、王子，封爵的一級，分一至四等）、塔布囊等封號。滿蒙二族一向通婚，清朝為了控制蒙古。更是提倡。僅清朝十二代皇后中出於蒙古者就有六人之多，遂使元裔博爾濟吉特氏和清皇室愛新覺羅氏血親相聯，結為一體，蒙古王公成為維護清朝統治的重要支柱。喇嘛教黃帽派（黃教，見格魯派）明末已傳入蒙古，教主達賴喇嘛有干預蒙古地方行政之權。清廷為控制蒙古而提倡黃教，首先實行「眾建」，分全國為四大教區：達賴主前藏，班禪主後藏，哲布尊丹巴呼圖克圖主外蒙古，唯章嘉呼圖克圖主內蒙古兼管內地教務。章嘉本是元代八思巴的法裔（由花教皈依黃教），是清朝所封唯一的國師。又於多倫（元上都之地）建匯宗寺，於避暑山莊建外八廟，分別仿效藏、蒙各大寺形式，都表明教權已收歸中央。其後，一改對黃教的限制政策為大力提倡，允許蒙古各旗到處建廟，又採取為廟「賜名」等因勢利導不露形跡的辦法，以削弱蒙古，使其不能成為危及清廷的強大力量，只能為政府提供軍隊。

清廷對蒙古的控制政策發揮很大作用。清代前期，除騰吉思、布爾尼等因統治階級內部紛爭發動叛亂外，在漠南北幾乎沒有出現蒙古牧民的反抗戰爭。由於蒙古地處北部邊疆，鴉片戰爭的影響並未很快波及到該地區。直至西元一八六〇年後，俄、英、法、美、德、日等列強才分別從北、南透過貿易向蒙古擴張侵略勢力，造成經濟衰敝，白銀外流，王公貧困，因而出現放墾、加租和差派加重等問題。在內蒙古形成了牧民與外國資本主義、中國皇帝和本旗王公的三大矛盾。十九世紀下半葉，伊克昭盟烏審旗的獨貴龍運動等，嚴重打擊了清政府和蒙古王公的統治。內蒙人民還不斷掀起反對宗教侵略的抗爭。在義和團運動中，摧毀天主教堂七十餘座。光緒三十一年至三十二年西部伊克昭盟和東部郭爾羅斯前旗爆發了反封賦役、反墾、反奪地的戰爭。至此蒙古人民的反抗鬥爭已發展到以武裝鬥爭反抗清政府和蒙古王公的統治。此後不久，便爆發了辛亥革命。

清代蒙古的社會經濟，其特點是在統一多民族國家中多種經濟的發展。清初蒙古社會秩序從戰亂中漸趨安定，康熙又實行了嚴禁盜賊、教養蒙古、救濟災荒三項措施，到康熙中葉，漠南牧業已有恢復並向前發展。明代兀良哈三衛和土默特已有農業，並出現板升。清代為供應軍需，又在察哈爾、歸化城（今內蒙古呼和浩特）、科布多、烏里雅蘇台等駐軍城鎮，墾地屯田，但因土質關係，多數沒能保存下來，只有內蒙古歸化城等數處農業較前發展並培養出土默特的「善種地兵」。隨著康雍乾三朝對準噶爾的用兵和西、北兩路軍營（烏魯木齊、巴里坤）以及台站的設置，漢族商人隨軍前往，上列內、外蒙古城鎮都有了漢商的商店或雜貨舖。旅蒙漢商逐漸發展為北京幫和山西幫兩大系統。除對俄貿易的恰克圖外，漠南重鎮歸化城的商業十分繁榮，該處至烏魯木齊的商路開通後，出現了被稱為「北套客」的蒙古族的行商。商業的繁榮刺激了手工業的發展。明末蒙古除磚瓦製造業外，木匠、石匠、金火匠（即鑄工）都很缺少。清代，蒙古在統一國家中為便於和其他兄弟民族互相學習，加之清代後期建廟頻仍，蒙古人也習於這些行業。清代前期各項措施，客觀上安定了蒙古社會秩序，改善了牧民生活，刺激了多種經濟的發展。但到清代末期，由於外國侵略勢力的侵入，以及清廷的腐敗，牧場破壞，農村凋敝，商業、手工業蕭條，出現了較內地更加荒涼的景象。

在清代蒙古族文化也有了長足的進步，非明代蒙古所能比擬。「國語」滿文實脫胎於蒙古文字，滿語中蒙古語的藉詞最多。清代官書中的域外名稱俄羅斯、察罕汗、扣肯汗等皆經蒙古介紹而採用。著作則屬薩囊徹辰《蒙古源流》為史學代表作，尹湛納西《一層樓》、《泣紅亭》為文學代表作。至於用漢文寫作的名家法式善、博明、壁昌等更不勝枚舉。清代官修的大型語文學著作《五體清文監》、《西域同文志》等都有蒙古族的學者參加。清代的曆算、測地、量天等科學，在中國學術發展史上也占有重要地位，許多蒙古科學家都是實際工作的參與者和推動者。在數學方面，明安圖所著《割圓密律捷法》的貢獻尤為突出。蒙古醫生的接骨技術，在石膏繃帶法傳入以前，一直流行於民間。

喀爾喀蒙古

清代漠北蒙古族諸部的名稱。初見於明代，以分布於喀爾喀河得名。十五世紀末葉，元太祖成吉思汗十五世孫巴圖孟克（達延汗）統一東部蒙古後，將漠南、漠北各不相屬的大小領地合併為六個萬戶，分為左右兩翼，每翼三萬戶。喀爾喀萬戶屬左翼，共十二部。內五部居喀爾喀河以東，巴圖孟克封授第五子阿爾楚博羅特；外七部居河西，封授幼子格埒森扎．扎賚爾琿。巴圖孟剋死後，內五部逐漸南徙，清初編旗，屬內札薩克旗；格埒森扎留居故地，仍號所部為喀爾喀，「析眾萬餘為七旗」，授子七人分領，轄地逐漸擴大，據有漠北地區（即外蒙古），東接呼倫貝爾，西至阿爾泰山，南臨大漠，北與俄羅斯接壤。

清朝入關以前，喀爾喀蒙古的三大封建主——土謝圖汗、札薩克圖汗、車臣汗和清朝政府建立了連繫。天聰九年致書與後金通好；崇德三年，喀爾喀三部「遣使來朝」，以後，每年各貢「白駝一，白馬八，謂之九白之貢」。順治十二年，清朝賜盟宗人府，並在喀爾喀設八札薩克，分左右翼，從而使喀爾喀蒙古與清朝中央政府的政治連繫更加密切，土謝圖汗袞布子察琿多爾濟、車臣汗碩壘子巴布，札薩克圖汗諾爾布及賽音諾顏部長丹津喇嘛「各齎表遣子弟來朝」。此後，喀爾喀三部之間發生紛爭，準噶爾部首領噶爾丹乘機插手，於康熙二十七年向喀爾喀大舉進攻。土謝圖汗等猝不及防，拒戰失利。沙俄趁喀爾喀戰敗，向其上層人物威逼利誘，要他們投降俄國以尋求保護。經哲布尊丹巴呼圖克圖倡議，喀爾喀蒙古舉旗投清。三十年，康熙帝與內外蒙古各部首領於多倫諾爾會盟（見多倫會盟），宣布保留喀爾喀三部首領的汗號，廢其封建王公的濟農、諾顏舊號；按滿洲貴族的封號，各賜以親王、郡王、貝勒、貝子、鎮國公、輔國公的爵位。其行政體制也和內蒙古一樣，實行札薩克制，加強和鞏固了清廷對喀爾喀各部的管轄。雍正十年，喀爾喀親王額駙策棱擊敗準噶爾部有功，清廷從土謝圖汗部分出二十一旗隸屬於額駙策棱的賽音諾顏部，由是賽音諾顏部始為大札薩克，與三汗部並列。車臣部、土謝圖部由清朝駐庫倫（今蒙古烏蘭巴托）辦事大臣管轄，賽音諾顏部、札薩克圖部由清駐烏里雅蘇台的定邊左副將軍統轄。

宣統三年，以第八世哲布尊丹巴為首的蒙古王公和上層喇嘛，在沙俄策動下宣布「獨立」，驅逐清政府駐庫倫辦事大臣，私自與沙俄簽訂非法的《俄蒙協約》（即《庫倫條約》）。民國四年中俄蒙《恰克圖協約》規定，外蒙古為中國領土的一部分，承認中國宗主權；中國、俄國承認外蒙古自治。西元一九一九年蒙古放棄「自治」，哲布尊丹巴接受中央政府冊封。直到西元一九二四年五月《中蘇解決懸案大綱協定》中仍規定外蒙古為中國領土的一部分，中國享有領土主權。同年十一月，始成立蒙古人民共和國。西元一九四六年一月，當時的國民政府承認其獨立。中華人民共和國成立後，同蒙古人民共和國建立了外交關係。

厄魯特蒙古

清代對西蒙古諸部的總稱，中國西北地區以畜牧業為主的游牧民族。元稱斡亦剌，明稱瓦剌，清稱厄魯特、額魯特或衛拉特，皆系蒙古語 oirad 或 oyirate 之異譯及音轉。國外學者又往往沿襲突厥語族習慣，稱之為卡爾梅克。

明末清初，瓦剌各部經過長期發展變化、遷移和戰爭，並融合和吸收了周圍突厥語系及東蒙古諸族成分，最後歸併為準噶爾、杜爾伯特、和碩特、土爾扈特四大部，及附牧於杜爾伯特的輝特部。其牧地，西北不斷向額爾齊斯河中游、鄂畢河以及哈薩克草原移動，西南向伊犁河流域推進，東南向青海遷徙。準噶爾部又名綽羅斯部，因該部和杜爾伯特部的首領同姓綽羅斯而得之。初游牧於額爾齊斯河中上游至霍博克河、薩裡山一帶，後以伊犁河流域為中心。杜爾伯特部游牧於額爾齊斯河沿岸。土爾扈特部原游牧於塔爾巴哈台及其以北，西徙後，輝特部居之。和碩特部游牧於額敏河兩岸至烏魯木齊地區。諸部分牧而居，互不相屬。另設一鬆散的議事機構——「丘爾干」（蒙語「會盟」之意），即定期的領主代表會議，作為協調各部關係、加強封建統治以及抵禦外侮的臨時組織。其盟主初為和碩特貴族首領博貝密爾咱、哈尼諾顏洪果爾、拜巴噶斯等。西元一六二〇年代後，準噶爾部哈喇忽喇及其子巴圖爾琿台吉，在與和碩特部托輝特鬥爭中漸占優勢，成為實際上的盟主。明崇禎十三年厄魯特和喀爾喀蒙古封建主會盟於塔爾巴哈台，制定新察津·必扯克（法典，即西元一六四〇年蒙古——衛拉特法典），確定喇嘛教為共同信仰的宗教。厄魯特蒙古原採用回鶻式蒙古文字，西元一六四八年後使用托忒文。

明崇禎元年，土爾扈特和鄂爾勒克率其部，聯合和碩特、杜爾伯特的一部分，約五萬帳之眾，徙牧額濟勒河（今歐洲伏爾加河）下游。十年前後，和碩特固始汗等也率所部遷移到青海一帶，並以維護黃教為名，派兵占據青藏高原。而當時準噶爾、杜爾伯特、輝特部，以及一部分和碩特、土爾扈特屬眾仍留居天山南北，逐漸形成以準噶爾部為核心，聯合厄魯特各部及其他一些蒙古、突厥部落的強大政權。故清代史籍往往把厄魯特也統稱為準噶爾。準噶爾部地方政權與中原地區政治、經濟連繫甚為密切。

西元一六七〇年代，噶爾丹稱汗後，伊犁成為準噶爾政治中心和各部會宗地。除統治天山南北外，其勢力曾遠及塔什干、費爾干納、撒馬爾罕等地。十八世紀前半葉，策妄阿拉布坦和噶爾丹策零統治時期，其境內共有二十四鄂拓克、九集賽、二十一昂吉，設置各級官吏進行管理。畜牧業、農業、手工業均有所發展。乾隆十年，噶爾丹策零病故，準噶爾統治集團汗位之爭激烈，內戰頻仍，杜爾伯特「三車凌」（部長車凌、台吉車凌烏巴什、車凌孟克）等紛紛率眾內附。二十年至二十二年清廷出兵平定達瓦齊和阿睦爾撒納割據勢力，統一西北。三十六年，土爾扈特渥巴錫，率眾從伏爾加河萬里返歸祖國。清廷在厄魯特蒙古族聚居區先後實行盟旗制度，編置佐領，以札薩克領之。厄魯特蒙古的後裔至今仍生活在新疆、青海、甘肅、內蒙古一帶。

土爾扈特部

清代厄魯特蒙古四部之一。元臣翁罕後裔。原游牧於塔爾巴哈台附近的雅爾地區，西元一六三〇年代，其部首領和鄂爾勒克因與準噶爾部首領巴圖爾渾台吉不合，遂率其所部及部分杜爾伯特部、和碩特部牧民西遷至額濟勒河（伏爾加河）下游，自成獨立游牧部落，但仍不斷與厄魯特各部連繫，並多次遣使向清朝政府進表貢。康熙五十一年，康熙帝派出圖理琛使團，途經俄國西伯利亞，兩年後至伏爾加河下游，探望土爾扈特部。乾隆二十一年，土爾扈特汗敦羅布喇什遣使吹扎布，假道俄羅斯，歷時三載，到達北京，向乾隆帝呈獻貢品、方物、弓箭袋等。

土爾扈特人自遷至伏爾加河下游後，不斷反抗沙皇俄國的侵略與奴役。西元一六六〇年代，俄國著名農民領袖拉辛領導頓河農民起義後，伏爾加河兩岸土爾扈特人民紛起響應。西元十六世紀末，土爾扈持著名首領阿玉奇汗率領部眾積極支持巴什基爾人的起義。十八世紀初，土爾扈特人民仍不斷掀起武裝起義，反抗沙俄在伏爾加流域的統治。乾隆三十六年，土爾扈特部首領渥巴錫（阿玉奇汗之曾孫）為擺脫沙俄壓迫，維護民族獨立，率領部眾發動了武裝起義，並衝破沙俄重重截擊，歷經千辛萬苦，勝利返回祖國。

清廷對土爾扈特部返歸祖國的愛國正義行動十分重視。乾隆帝在熱河木蘭圍場的伊綿峪和避暑山莊多次接見、宴請渥巴錫等首領，對其部眾也給以牛羊糧食、衣裘廬帳。並親撰《土爾扈特全部歸順記》、《優恤土爾扈特部眾記》碑文兩篇，立碑於承德普陀宗乘之廟內。同時封渥巴錫為卓哩克圖汗，其餘大小首領也分別給予封爵。分土爾扈特為新、舊兩部，舊土爾扈特由渥巴錫統領，分東西南北四路，共十旗；新土爾扈特由另一首領舍楞統領，分二旗。對土爾扈持部牧地也作了妥善安排。

葛邏祿

七至十三世紀間的西突厥別部。亦稱葛羅祿，地處北庭西北，金山（今阿爾泰山）之西，與車鼻部接。鄂爾渾突厥碑文作 Qarluq。有三姓，一曰謀落，或謀剌；一曰熾俟，或婆匐；一曰踏實力，故文獻中常稱為三姓葛邏祿。首領號葉護，故又號三姓葉護。初屬薛延陀汗國。六五〇年代初，唐朝將領高侃伐車鼻部，葛邏祿歸屬於唐。唐顯慶二年，唐以謀落部為陰山都督府，熾俟部為大漠都督府，踏實力部為玄池都督府，後又分熾俟部之大漠州為金附州都督府。三姓處在東西突厥之間，常隨東西突厥之興衰而叛附不常。西元七四二年，與回紇、拔悉密一起，攻殺後突厥烏蘇米施可汗，立拔悉密酋長阿史那施為頡跌伊施可汗，葛邏祿、回紇之長自為左右葉護。西元七四四年，葛邏祿部與回紇部一起，攻殺拔悉密部頡跌伊施可汗。回紇部首領骨力裴羅（逸標）自稱骨咄祿毗伽闕可汗，西元唐天寶五載被唐封為懷仁可汗，於是，在烏德山的葛邏祿部歸於回紇。在阿爾泰山及北庭一帶的葛邏祿，自立葉護，歸屬於唐。西元七六六年，葛邏祿強盛起來，逐漸取代突騎施，占有楚河流域西突厥故地，其中包括著名的碎葉城、怛邏斯城。西元七八九年葛邏祿在北庭一帶，與吐蕃聯軍，戰勝了回鶻，但是沒有多久，回鶻進軍西域，在北庭、龜茲、拔汗那（今烏茲別克斯坦費爾干納）一帶敗葛邏祿與吐蕃的聯軍。當時，漠北、西域的形勢大致是：漠北是回鶻汗國；回鶻的西北是黠戛斯；黠戛斯西南是葛邏祿；葛邏祿南是吐蕃；葛邏祿西南是入居中亞的大食。他們之間有戰爭也有經濟和文化交往。西元八四〇年，漠北的回鶻汗國滅亡，部眾大部分西遷，其中有十五部奔葛邏祿。到了十世紀前半期，在葛邏祿地區形成了哈剌汗國（黑汗王朝）。後來，直到蒙古人入居中亞之後，葛邏祿稱為合（音哈）剌魯，在這一帶仍很活躍。

楚河流域在葛邏祿進入之前就已經有了農業，故葛邏祿在從事游牧的同時，也兼營農業。中亞粟特商人及穆斯林傳教者對葛邏祿的影響都很明顯。

突騎施

西突厥別部。西突厥有十姓部落，分為五弩失畢部，置五大俟斤；五咄陸部，置五大啜。突騎施賀邏施啜即五大啜之一。西元六五〇年代初期，受西突厥可汗阿史那賀魯統屬。西元六五八年，唐平定阿史那賀魯後，以突騎施索葛莫賀部置鹿都督府，突騎施阿利施部置山都督府，又置陵、池兩都護府以統之，並隸安西都護府。武則天時，以原領五弩失畢部之阿史那斛瑟羅為竭忠事主可汗、池都護。斛瑟羅殘暴，不為突厥所附。突騎施首領烏質勒本為斛瑟羅之莫賀達干（突厥官名），能撫士，有威信，胡人順附，由此崛起。置二十都督，各督兵七千，以楚河流域之碎葉城為大牙，伊犁河流域之弓月城（今新疆霍城西北）為小牙。轄境東鄰後突厥，西接中亞地區的昭武九姓，盡有斛瑟羅故地，而服屬於唐。西元六九九年，烏質勒遣子入朝，西元七〇六年，受封為懷德郡王。西元七〇八年，封西河郡王，使者未至而烏質勒死，子鹿都督娑葛代統其眾，勝兵至三十萬，唐封之為金河郡王。其將闕啜忠節與之不和，唐相宗楚客受忠節賂，支持忠節。娑葛遂襲擒忠節，殺唐使馮嘉賓，敗唐安西副都護牛師獎。安西大都護郭元振以娑葛理直，表請赦除其罪，娑葛乃降。後娑葛為後突厥默啜可汗擒殺。復有突騎施別種車鼻施啜蘇祿收拾餘眾，自立為可汗，眾至二十萬（一說三十萬），稱雄於西域，給予當時向中亞發展的大食人以沉重打擊，大食人因而稱之為「頂者」（Abū Muzāhim，意為牛或象等衝撞頂的龐大動物）。西元七一三年唐任命蘇祿為左羽林軍大將軍、金方道經略大使，賜號忠順可汗。時蘇祿處於唐與後突厥、吐蕃之間，對三方均保持密切關係。唐以阿史那懷道女為金河公主妻之，蘇祿又娶於後突厥、吐蕃，三女並為可敦。後與唐安西都護杜暹有隙，結吐蕃兵掠安西四鎮，圍安西城，聞杜暹入為唐相，乃退去。復遣使入朝。西元七三八年，蘇祿為其下大首領莫賀達干所殺，突騎施復亂，蘇祿子吐火仙立，與莫賀達干相攻。娑葛之後稱「黃姓」，蘇祿之後稱「黑姓」，更相仇殺。西元七七九年後，葛邏祿強盛，據有楚河流域，突騎施二姓衰微，遂為所役屬。

沙陀

唐代突厥族別部。又作沙陀突厥。源於西突厥處月部。唐朝初年，處月散居於今新疆準噶爾盆地東南、天山山脈東部巴里坤一帶，有大磧，名沙陀，故號「沙陀突厥」。

唐永徽四年或五年，唐在征討西突厥阿史那賀魯叛亂過程中，於處月地置金滿、沙陀二羈縻州。武周長安二年處月酋長沙陀金山因從征鐵勒有功，被授予金滿洲都督。後因吐蕃所逼，金山之子輔國率部徙於北庭。安史之亂後，北庭與內地隔絕，該地沙陀取道回紇來長安者備受回紇暴斂之苦。西元七八九至七九〇年，沙陀七千帳附吐蕃，共陷北庭。後吐蕃遷沙陀於甘州（今甘肅張掖），以輔國孫朱邪盡忠為統軍大論。吐蕃攻擾唐邊，常以沙陀為前鋒。及九世紀上半期回鶻取涼州（今甘肅武威），吐蕃疑沙陀與回鶻相勾結，擬再遷其部於黃河以西。朱邪盡忠和長子朱邪執宜乃於西元八〇八年率部眾三萬落投歸唐朝，途中盡忠為吐蕃追兵所殺，執宜率殘部到靈州（今寧夏吳忠東北）塞。唐將沙陀部安置在鹽州（今陝西定邊），設陰山都督府，以執宜為兵馬使，流散各處的沙陀相繼還部，勢力增強。

唐朝以沙陀鄰近吐蕃，慮其反覆，又以其部眾多，將使邊境糧食價漲，故當靈鹽節度使範希朝遷河東節度時，詔沙陀舉軍從徙河東。範希朝選其驍勇一千二百騎，號為「沙陀軍」，其餘安置在定襄川（今山西牧馬河一帶）；執宜部則居神武川的黃花堆（今山西山陰東北），更號「陰山（陰山當作陘山）北沙陀」。以後唐又分其眾隸諸州，以弱其勢。唐憲宗對強藩成德王承宗、淮西吳元濟，武宗對澤潞劉稹用兵以及宣宗對抗吐蕃、党項、回鶻，皆得沙陀之助。唐懿宗時，執宜子赤心率騎兵助唐鎮壓龐勛起義，被授予大同軍節度使，賜姓李，名國昌，後又因助唐抵禦回鶻而遷為延、振武節度使，然為吐谷渾所襲，退保神武川。西元八七六年其子李克用襲據雲州（今山西大同）。唐朝用代北吐谷渾酋長赫連鐸等及幽州節度使李可舉屢擊李國昌父子。西元八八〇年，國昌父子敗後逃入韃靼部。黃巢起義軍攻入長安後，唐朝招李克用率沙陀、韃靼軍入援。西元八八三年，李克用率軍擊敗起義軍於梁田陂，黃巢退出長安，唐擢克用為河東節度使。唐用李克用鎮壓黃巢起義軍後，朱溫得汴，克用得太原，形成朱李紛爭的局面，經過長期攻戰，朱溫削弱李克用。西元九〇七年朱溫顛覆了唐朝，建立後梁。西元九二三年，克用子李存滅後梁，建後唐（見後唐莊宗李存）。以後建立後晉的石敬瑭（見後晉高祖石敬瑭）和後漢的劉知遠（見後漢高祖劉知遠）亦均為沙陀人。

鐵勒

南北朝隋唐時期北方諸操突厥語游牧部落的泛稱。首先解讀西元七突厥文碑獲得成功的丹麥學者湯姆森認為即 Tölis 的音譯，此說現仍為許多學者採用。又作狄歷、丁零、敕勒。其車輪高大，輻數至多，故又被稱為高車。近年有些學者提出，這些名稱除高車而外無非是 Turk 一名的漢語對音，故其與突厥實際上是一個族，分裂為兩個部落群而已。其語言、風俗，與突厥相同；亦與突厥一樣，崇拜狼圖騰。史稱其為「匈奴之苗裔」。

四世紀末，柔然汗國興起，與高車為敵。時高車有六姓，著名的有斛律部、袁紇部。柔然第一代可汗社侖攻入其地時，幾為斛律部首領倍侯利及其部眾所敗沒。倍侯利投歸北魏後，北方人仍將他看作英雄。北魏北征柔然，亦時與高車發生衝突。五世紀上半期，高車部落紛紛南遷漠南，達數萬或數十萬落。畜牧蕃息，漸知農耕，透過朝貢與貿易，北魏從他們那裡獲得大量的牲畜與畜產品。北魏調發高車兵南征，高車不願南行，共推袁紇部樹者為主，叛歸漠北。繼而樹者復降北魏。五世紀下半期，高車分為十二姓，副伏羅部最強盛。其首領阿伏至羅與柔然發生爭執，率眾十萬餘落西徙至前部（即高昌）西北，自立為王，國人號之「候婁匐勒」，意為大天子，是為歷史上最早出現的鐵勒政權。它受到西方的嚈噠與東方的柔然的夾攻，結好於北魏。至五三〇年代，復為柔然所滅。

北朝末，鐵勒部落繁多，分布更廣，北到貝加爾湖，西到裡海，遍及漠北草原，史稱「自西海之東，依據山谷，往往不絕」，各有部帥，而不相統屬。柔然汗國衰落，鐵勒諸部起兵反抗，但遭到以阿史那土門為首的突厥的邀擊，結果五萬餘落降附突厥。土門建立突厥汗國後，鐵勒諸部受其役屬，鐵勒牧民成為突厥騎兵的重要成分，東西征討，皆資其用。隋時，東、西突厥分立後，鐵勒亦分屬兩部。其西邊部落除游牧外，亦漸從事農業種植。六世紀末，隋擊突厥於漠北，鐵勒部眾亦隨之分散。七世紀初，西部鐵勒起兵反抗西突厥，敗泥利可汗。西元六〇五年，西突厥泥撅處羅可汗殘酷鎮壓鐵勒諸部的反抗，集其首領數百人盡殺之。鐵勒諸部遂共推契部首領歌楞為易勿真莫何可汗，據貪汗山（今新疆吐魯番北部博格多山），又推薛延陀部首領乙失鉢為也可汗，居燕末山，為小可汗。這是鐵勒建立的第一個部落聯盟，而以契、薛延陀兩部為盟主。契部的統治範圍達到了今吐魯番盆地。西突厥泥撅處羅可汗被驅逐後，便入朝並留居於隋，達頭之孫被立為射匱可汗，西突厥復振，契、薛延陀兩部去掉可汗稱號，鐵勒諸部復受突厥統治。

隋唐時期散處磧北、西域的鐵勒部落，見於記載的主要有薛延陀、契、回紇、同羅、渾、思結、斛薛、奚結、阿跌、白等。唐初鐵勒諸部中，薛延陀最強，其酋領夷男曾建汗國，受唐冊封為真珠毗伽可汗，統有回紇、拔野古、阿跌、同羅、僕骨、白霫等部，這實際上又是一個以薛延陀部為盟主的鐵勒諸部落聯盟。貞觀初，他們屢次反抗東突厥頡利可汗。鐵勒諸部的抗擊頡利，大大有助於唐朝在唐貞觀四年平定東突厥。西元六四六年，唐滅薛延陀汗國，唐太宗至靈州，接見鐵勒諸部的使者。次年，唐以其部落，置為州府：以回紇部為瀚海都督府，多濫葛部為燕然都督府，僕骨部為金微都督府，拔野古部為幽陵都督府，同羅部為龜林都督府，思結部為盧山都督府，渾部為皋蘭州，斛薛部為真闕州，阿跌部為雞田州，契部為榆溪州，奚結部為雞鹿州，思結別部為蹄林州，白部為顏州。鐵勒等部曾於西元六三〇年尊唐太宗為「天可汗」，回紇以南，突厥以北開闢至唐的通道，命名為「參天可汗道」。

西元六八〇年代，後突厥汗國興起，鐵勒諸部重新受突厥統治。西元七四〇年代，回紇勃興，據有後突厥汗國故地，這又是一次以回紇部為盟主的鐵勒部落聯盟。九世紀四〇年代，回鶻汗國被黠戛斯所破，部眾西遷。後來，契丹族逐漸統有大漠南北，鐵勒一名就消失不見了。

薛延陀

隋唐時期北方游牧民族鐵勒的一支，由薛部與延陀部組成。突厥汗國建立後，鐵勒諸部並役屬於突厥，成為其騎兵的重要組成部分。東西突厥分裂後，居阿爾泰山西南部之薛延陀受西突厥統治。西元六〇五年以後，當西突厥泥撅處羅可汗時，鐵勒諸部反抗西突厥統治，立契部俟斤歌楞為易勿真莫何可汗，薛延陀部俟斤乙失鉢為也可汗，大敗泥撅處羅。此為鐵勒建立的第一個部落聯盟，然為時不久，射匱可汗統一西突厥，薛延陀等部復被役屬。西元六二八年，西突厥統葉護可汗死，國內大亂，薛延陀乙失鉢之孫夷男率部落七萬家東越金山（今阿爾泰山），與散居在漠北之薛延陀部合流。時東突厥頡利可汗稅斂苛重，境內諸部多叛歸薛延陀。唐朝為夾擊頡利，乃使喬師望冊封夷男為真珠毗伽可汗，贈以鼓纛。夷男遂建庭於大漠之北。西元六三〇年頡利被滅，即是夷男與唐合力之結果。東突厥既滅，其餘眾降唐，徙居漠南，漠北地區遂為薛延陀所有。夷男建牙於郁督軍山，盛時轄境，「東至室韋（今額爾古納河一帶），南至突厥（漠南），北臨瀚海（今貝加爾湖）」，統轄東突厥之故地。回紇、拔野古、同羅、僕骨諸部並屬之。此為鐵勒建立的第二個部落聯盟。唐冊立突厥貴族阿史那思摩為乙彌泥孰俟利可汗以統領漠南突厥，為唐朝北邊屏障，以防薛延陀。西元六四五年夷男卒，其子跋灼繼立為頡利俱利薛沙多彌可汗，多彌乘唐太宗東征高麗之機引兵南侵，遭唐軍反擊，多彌大敗。多彌猜忌無恩，族人不附，所屬諸部遂起而叛之。西元六四六年，回紇酋長吐迷度與僕骨、同羅等部共擊多彌，多彌戰敗被殺，宗族散亡。餘部立夷男兄子咄摩支為可汗。唐遣崔敦禮、李擊之，咄摩支降，薛延陀汗國遂亡。汗國自建牙於漠北後，存在時間近二十年（西元六二八至六四六年）。唐以其地置六府七州。以薛延陀部置奚彈、祈連二州，並隸燕然都護府。

黠戛斯

唐代西北民族名。地處回紇西北三千里，約當今葉尼塞河上游。漢作鬲昆，又作隔昆，或堅昆；南北朝至隋作護骨，或結骨、契骨、紇骨；八世紀中葉鄂爾渾突厥文碑作Qïrqïz，唐朝通用的漢譯名是黠戛斯，或紇斯。

唐初，黠戛斯屬薛延陀汗國。西元六三二年，唐朝發使聘問。六四八年，其首領失鉢屈阿棧入唐，唐以其部為堅昆都督府，任失鉢屈阿棧為都督，隸燕然都護府。後黠戛斯被回紇打敗，為回紇屬部。九世紀三〇年代末，回鶻汗國內亂，不久，黠戛斯發兵攻滅之。回鶻部眾分數支南下和西徙。黠戛斯追擊西遷回鶻部眾，曾一度占領安西與北庭，但不久退出。此時黠戛斯可汗牙帳由睹滿山（又作貪漫山，今葉尼塞河上游薩彥嶺）之北遷到睹滿山之南；南鄰吐蕃，西南連葛邏祿。吐蕃之通葛邏祿，畏懼回鶻抄掠，往往需借黠戛斯護送。西元八四五年，唐曾冊立黠戛斯可汗為宗英雄武誠明可汗。

黠戛斯人赤髮皙面；也有黑髮之人，傳說為漢代李陵之後。主要從事游牧，兼營漁獵，也有少量的農業。信仰薩滿教，稱為「甘」。使用類似北歐的魯尼字母拼寫的文字，這種文字一直流傳到其東南鄰族突厥與回鶻。已有貧富分化，出現了階級的對立，但仍保持著相當濃厚的原始社會的殘餘。

黠戛斯在契丹興起並據有漠北時，稱轄戛斯，遼朝在其地設有轄戛斯大王府。宋代稱之為黠戛司，但對其情況卻不甚了了。金代稱之為紇裡迄斯，蒙古人稱之為吉利吉斯，清代隨著準噶爾人的叫法稱之為布魯特。阿拉伯文、波斯文史料也有關於他們的記載。

關於黠戛斯從葉尼塞河流域南遷到天山地區的過程，現仍無準確詳實的敘述。大致說來，西遼的西遷和十三世紀蒙古的西征都影響到黠戛斯，促成部分黠戛斯人南遷。十五世紀以後，黠戛斯人被準噶爾人驅逐出七河流域（巴爾喀什湖以東，伊犁河等七條

第一章　古代民族

河流流程區域），遷到中亞費爾干納一帶，十八世紀中葉，清朝平定準噶爾，部分黠戛斯返回七河流域故居。

第二章　古代民族人物

蛇節

西元一三〇三年彝族首領，亦奚不薛（彝語，意為水西，指今貴州鴨池河以西）土官阿那之妻。又作折節、蛇截。至元二十年，阿那降元，任亦奚不薛總管府總管。阿那死，蛇節攝其職。蛇節有權略，健壯而有智謀，會用兵，深得部民擁戴。大德四年，元成宗鐵穆耳採納梁王等人建議，命荊湖占城行省左丞劉深為雲南征緬行省右丞，率湖廣等省兵征八百媳婦（今泰國北部等地）。劉深軍沿途徵發丁夫馬匹，轉運給養，所過之處，虐害百姓，役夫死者相枕藉；並向蛇節勒索金三千兩，馬三千匹。各族人民不堪蹂躪，蛇節和水東雍真葛蠻土官宋隆濟於五年六月率彝、苗、仡佬族人民起義。八月，雲南平章床兀兒領兵進討，並派人招降蛇節。蛇節不出，領青衣破軍助宋隆濟包圍貴州，邀擊官軍於深谷中，使其首尾不能救應。劉深棄眾奔逃，喪兵十之八九。烏撒（今貴州威寧）、烏蒙（今雲南昭通）、東川（今雲南會澤）、茫部（今雲南鎮雄北）彝族人民相繼響應，雲南西部、南部各族也醞釀舉事。成宗改派湖廣行省平章劉國傑及陝西、四川和雲南各省軍會同鎮壓。六年二月，劉國傑與四川軍會於播州（今貴州遵義）。蛇節拒絕招撫，並發兵十萬來攻。元軍接戰至夏季，勞而無功，退駐思州（今貴州鳳岡）、播州。九月，劉國傑統蒙古、漢軍和思州、播州苗軍出征。彝族軍剽悍驍勇，多健馬，騎兵銳不可當。劉國傑進駐水西地蹉泥，遭到馬隊的突襲，累戰失利。十月，他用計破壞蛇節騎兵的攻勢，敗之於折刺危水，蛇節乘船退走。劉國傑與陝西、雲南軍會合，過泊飛關，追擊蛇節。七年正月，蛇節再次聚兵反擊，大戰於墨特川，又敗。劉國傑軍至阿加砦，追及蛇節。二月，蛇節被擒，斬於軍中。不久，宋隆濟等各部的起義，也在元軍的圍剿和對內部進行分化瓦解的雙重打擊下，先後失敗。

閣羅鳳

南詔第五代王。亦作覺樂鳳。其父皮羅閣在唐扶持下統一六詔，受唐封為雲南王。西元七四八年皮邏閣死，閣羅鳳繼位，襲封。在其父未死時，他已參預削平六詔的活動，即位後，繼續發展勢力，消滅在其東方的東爨、西爨，控制滇東地區。閣羅鳳初臣服於唐，助唐抗擊吐蕃，唐雲南太守張虔陀無禮於閣羅風，又徵求財物。西元七五〇年閣羅鳳遂發兵攻陷姚州，殺虔陀。唐劍南節度使鮮於仲通發兵征討，又為所敗。閣羅鳳遂依附吐蕃，吐蕃封閣羅鳳為「贊普鍾」（「鍾」意為弟），號為「東帝」。時楊國忠為唐相，又徵兵全國，大舉討伐，並為閣羅鳳所敗。不久，安史之亂爆發，唐朝困於內亂，閣羅鳳即趁機擴大領土，控制區域達到今雲南全境及四川西南、貴州西北部。又建立制度，修築道路，設置城邑，以漢文教授貴族子弟，吸收漢族先進文化。他在位期間（西元七四八至七七九年），南詔成為中國西南地區的強大的奴隸主政權。南詔與中原王朝已有百年臣屬關係，閣羅鳳幾度試圖與唐廷和好，西元七六六年，閣羅鳳在都城太和城（今雲南大理南太和村）立南詔德化碑，表明叛唐出於不得已，願與唐世代友好。

啟民可汗

（西元六〇九年）東突厥可汗。莫何（葉護）可汗處羅侯之子，名染干。處羅侯死時，其兄子雍虞閭立為都藍可汗，以染干為突利可汗（小可汗），居於北方。其時突厥與隋和好。都藍可汗妻其後母，即北周趙王宇文招之女，號千金公主（周亡後，改號大義公主）。公主以周滅於隋，心常不平，隋文帝恐其煽動都藍侵邊，遣使至突厥發公主隱私，命都藍殺之。恰好突利請婚於隋，文帝使裴矩對突利使者說：「當殺大義公主者，方許婚。」突利因譖公主於都藍，都藍遂殺公主。西元五九七年，突利遣使至隋迎親，文帝妻以宗女安義公主，並令突利南徙，居度斤舊鎮，隋欲離間都藍、突利，故賞賜突利特厚。都藍怒，認為自己是大可汗，竟不如染干，遂與隋絕交，而與西突厥達頭可汗結盟共攻突利，五九九年大敗突利於塞下，盡殺其兄弟子姪。突利夜以五騎隨隋使長孫晟入塞，又被挾持馳驛入長安，隋立之為意利珍豆啟民可汗（意為「意智健」），於朔州（今山西朔縣）築大利城以居之。安義公主死，復妻以義成公主，突利被都藍侵逼，隋又遷之於黃河之南，夏、勝二州之間（今內蒙古河套南），並為之遣軍數路出擊都藍。西元五九九年末，都藍為其部下所殺，西突厥達頭自立為步迦可汗，其國大亂。隋仁壽元年，隋以楊素總兵率啟民北征，啟民遂為東突厥大可汗。西元六〇三年，鐵勒十餘部背達頭歸啟民，達頭逃吐谷渾不知所終，啟民收其餘眾，並統領東方之奚、室韋等，臣服於隋。隋大業三年，隋煬帝北巡至榆林（今內蒙托克托西南），啟民率其部落酋長三千五百餘人朝於行宮。六〇九年，啟民又朝於東都，是年卒。

西藏八王

明朝在西藏分封的三大法王（大寶法王、大乘法王、大慈法王）和五大地方之王（闡化王、護教王、贊善王、輔教王、闡教王）的合稱。

明朝自洪武二年多次派員至西藏地方，廣行招諭，設置都司衛所，委官封職，並承元制，在西藏地方實行政教合一，管理地方軍政事務。對各教派的僧侶代表人物，授以國師、大國師等封號。六年，封原烏斯藏攝帝師喃加巴藏卜為熾盛佛寶國師，授以玉印。永樂時進一步完善了僧官制度，設有法王、西天佛子、大國師、國師、禪師、都綱等不同等級，先後封授過西天佛子二、灌頂大國師九、灌頂國師十八和禪師、都綱等僧官。永樂初年，為了進一步加強對西藏地方的管理，派遣太監侯顯（後又續派太監楊英、袁琦、杜通、李寧等多人）和僧人智光等持節入藏，與各地方、各教派領袖人物多方接觸，廣泛交往，開始了明朝中央直接從藏區遴選領袖人物的新時期。先後封授了三個法王和五個地方之王。

永樂四年，封授烏斯藏帕木竹巴的吉剌思巴監藏（西元一三七四至一四三二年）為灌頂國師闡化王。帕木竹巴是西藏封教噶舉派中的一支，因創派人為帕木竹巴・多吉傑布（西元一一一〇至一一七〇年）而得名。元時曾獲萬戶府之封授，為十三萬戶府之一。大司徒普提幢（西元一三〇二至一三六四年）時已基本上取薩迦派力量而代之。吉剌思巴監藏為大司徒普提幢之姪孫輩。洪武二十一年受封為灌頂國師。永樂元年遣使進京入貢。四年，格魯派創始人宗喀巴封為灌頂國師闡化王，賜印並厚賞。這一舉措改變了元朝以宣政院掌治釋教僧徒及吐蕃之境並專任薩迦一派的做法，開始以王爵封授各教派僧人，因俗而治。

永樂五年，封尚師哈立麻為萬行具足十方最勝圓覺妙智慧普應佑國演教如來大寶法王西天大善自在佛，領天下釋教。哈立麻（又作哈爾麻）即噶瑪，是噶舉派四大支系之一，開派人都松欽巴（西元一一一〇至一一九三年）曾在類烏齊地方之噶瑪建寺，因而得名。其第五世曲貝藏卜應明廷之召，於永樂元年隨使入南京，於靈谷寺為明太祖朱元璋夫婦追薦冥福，成祖賜以如來大寶法王名號，遂改名為得銀協巴（即如來）。明廷把大寶法王譽封給噶瑪派是最為隆重的禮遇，噶瑪派亦視這一崇封為最高榮譽。同年，朝廷又下詔封館覺（今西藏貢覺）灌頂國師宗巴斡即南哥巴藏卜為護教王；封靈藏（今四川鄧柯）灌頂國師著思巴兒監藏為贊善王。

永樂十一年，明廷為安撫薩迦派，封尚師昆澤思巴為萬行圓融妙法最勝真如慧智弘慈廣濟護國宣教正覺大乘法王、西天上善金剛、普應大光明佛，領天下釋教。尚師是藏語對高級僧侶的尊稱。昆澤思巴（西元一三四九至一四二五年）為元代帝師之後，永樂八年曾應明廷之召入京，成祖優為款待，居三年，乃有大乘法王之封，這是繼大寶法王之後的第二位超越地域的教法王爵，位亦尊顯。同年，明廷還封薩迦派另一支系的南渴烈思巴為思達藏輔教王。思達藏地處薩迦之南，為薩迦人封邑。南渴烈思巴（西元一三九九至一四四四年）屬薩迦派的都曲喇讓支系，為八思巴第五代姪孫，曾受到拉孜俺卜羅等地方首領之尊崇，有一定的社會影響。明代中央在同一年中給予薩迦系統兩道王爵的封授，從側面反映出薩迦人在明代的西藏仍是舉足輕重的力量。同年，明廷還封領真巴兒吉監藏為必力工瓦闡教王。領真巴兒吉監藏為必力工派大師卻吉傑博（西元一三三五至一四〇九年）之姪。必力工瓦（今讀若「止貢巴」）地處拉薩之東，在今墨竹工卡縣境，元代即受萬戶府之封，勢力強大。洪武十八年在此設必力公萬戶府。永樂十一年封其僧為闡教王，賜金印誥敕，意在使之與帕竹、薩迦諸派抗衡。

格魯派是在藏區新起的宗教、社會力量，其領袖人物宗喀巴聲名遠颺，早已引起明廷的注意，曾於永樂六年、十二年兩次遣使徵召，宗喀巴因事未能成行。但於永樂十二年遣其上首弟子釋迦也失（西元一三五二至一四三五年）為代表晉京。次年，明廷封其為妙覺圓通慈慧普應輔國顯教灌頂弘善西天佛子大國師。宣德九年（一四三四）釋迦也失再度入朝，宣宗冊封為萬行妙明真如上勝清靜般若弘照普慧輔國顯教至善大慈法王、西天正覺如來大圓道佛。宣德十年辭歸，卒於途。

明朝已在西藏地方分封了三大法王、五大地方之王，其管理西藏地方所採取的「眾封多建」而統馭於中央的政策已基本實現。有明一代三百餘年，法王稱為游僧，不常厥居；地方王各在封邑，互不統屬。咸受命於朝廷。明廷又置驛站，通道往來，以厚賜貢使、任官封爵、茶馬互市、利益邊民的辦法，使西藏地方基本保持安定的政局。

頡利可汗

（西元六三四年）東突厥可汗。突厥族人。名咄，為啟民可汗第三子。原為莫賀咄設，西元六二〇年繼其兄處羅為頡利可汗，復以其後母隋義成公主為妻。頡利初承父兄基業，兵馬強盛，支持梁師都、劉武周、宋金剛等割據勢力，阻撓唐之統一。後又連年侵唐邊地，西元六二四年深入唐境，自原州（今寧夏固原）直到幽州，殺掠吏民，劫奪財物，人民大受其害。唐初定中原，無力征討，高祖李淵一度擬遷都以避其鋒，因李世民等堅決反對而止。西元六二六年再度入侵，唐太宗親臨渭水，與頡利隔水而語，結渭水便橋之盟，東突厥軍隊方始退還。由於連年用兵，徵發苛重，東突厥內部階級矛盾逐漸尖銳，受其奴役的部族也不能忍受繁重的人力、物力調發，內外多叛亡。西元六二七年，其東部的奚、部落叛離，歸附於唐。漠北的薛延陀、回紇（見回鶻）、拔野古、同羅、僕骨等鐵勒十餘部也相繼叛去，頡利遣兵追擊，反為薛延陀、回紇戰敗，適逢國內大雪、羊馬凍死，部眾飢困，又與其姪始畢可汗之子突利可汗互相交戰；加以委信西域諸胡商人，疏遠突厥貴族，部下離心，兵力遂弱。唐貞觀三年，唐太宗以李靖、李世勣為行軍總管，分道出兵與薛延陀可汗夷男等夾攻頡利，次年大敗頡利於陰山，頡利為阿史那蘇尼失擒送長安，東突厥前汗國亡。頡利至京，太宗賜以田宅，授以右衛大將軍，西元六三四年死於長安。葬禮依突厥風俗。

阿史那賀魯

（西元六五九年）西突厥將軍、可汗。室點密五世孫，曳步利設射匱特勤之子。原為西突厥咄陸可汗麾下的葉護，居多羅斯川（今新疆額爾齊斯河上游），統處月、處密、姑蘇（哥舒）、歌邏祿（即葛邏祿）、弩失畢五姓之眾。其後，咄陸部下謀廢咄陸，咄陸可汗敗逃吐火羅，唐冊立乙毗射匱可汗，後者以兵追逐賀魯，賀魯率執舍地、處木昆、婆鼻三部歸屬唐朝。正值唐朝發兵討龜茲王，即以賀魯為昆丘道行軍總管，進軍龜茲。龜茲平，唐以賀魯所屬為瑤池都督府，任賀魯為左驍衛將軍、瑤池都督。唐太宗李世民死，賀魯漸有反唐之心，謀取西、庭二州。西元六五一年，賀魯及其子運率眾西取咄陸可汗故地，自號沙鉢羅可汗，建牙帳於千泉（今吉爾吉斯山脈北麓，庫臘加特河上游一帶），統西突厥十姓（五咄陸、五弩失畢）之眾，與唐為敵。唐派梁建方、契何力等為弓月道行軍總管，率唐兵與回紇兵西進，西元六五二年，敗賀魯所屬的處月部。次年罷瑤池都督府。西元六五五年，又派程知節為蔥山道行軍大總管，率兵討賀魯，次年敗賀魯所屬歌邏祿部、處月部、處木昆部、鼠尼施部。唐軍與賀魯本部直接接觸並將其徹底打敗的時間是在西元六五七至六五八年。這一次伊麗道行軍大總管蘇定方率唐兵及回紇軍由金山（今阿爾泰山）之北前進，流沙道安撫大使阿史那彌射、阿史那步真由南道西進，結果大敗之，並在石國（今烏茲別克斯坦塔什幹一帶）俘獲了賀魯，西突厥汗國滅亡（見突厥）。唐設置陵、池二都護府以統賀魯之眾，下屬若干都督府、州，隸屬於安西都護府。賀魯於六五九年卒於長安。

骨咄祿

（西元六九一年）後突厥汗國（西元六八二至七四四年）的建立者。即頡跌伊施可汗。本係東突厥頡利可汗的疏族後裔，東突厥敗亡後祖父為唐朝所任命之單於右廂雲中（今內蒙古河套一帶）都督舍利元英部下首領，世襲吐屯啜。西元六八〇年，單於都護府管內突厥人阿史那伏念反叛。次年，伏念為唐所擒。西元六八二年，骨咄祿糾合七百人，占領黑沙城（今內蒙古呼和浩特西北），招集亡散入總材山，聚眾五千，占領漠北的烏德山（今蒙古鄂爾渾河上游杭愛山），設牙帳，重建突厥政權，即東突厥後汗國。又以黑沙城為南牙，以其弟默啜駐守其地。次年進攻蔚州，擊敗唐軍。此後連年攻襲唐之北邊，勢力逐漸強大，自立為頡跌利施可汗。突厥部人歸之者約數萬，並得謀臣阿史德元珍，任為阿波達干，掌管兵馬。此後東征契丹，北征九姓鐵勒，併入攻中原，擴地甚廣。西元六九一年骨咄祿卒。

默啜可汗

（西元七一六年）後突厥第二個可汗，骨咄祿之弟。骨咄祿為可汗時，命其居南牙（黑沙城，今內蒙古呼和浩特西北）。西元六九一年，骨咄祿死，默啜繼立，擁兵四十萬。西討党項、拔悉密、突騎施及西突厥十姓部落，又遠征中亞昭武九姓地區取得成功。東擊奚、契丹等族，擴地萬里，漠北各部族大多受其控制，勢力略與東突厥頡利可汗盛時相當。仍依東突厥舊制，除可汗汗庭直轄地外，分其境為左廂、右廂，各以弟、姪為「察」（又譯「設」、「殺」）統之，稱為東廂察、西廂察（或譯為東殺、西殺）。

由於得到了移居唐朝北境的突厥降唐部眾的歸附，後突厥迅速發展，成為唐朝北方的嚴重威脅。西元六九七年，後突厥向周（武則天）索取安置在豐（今內蒙古五原南）、勝（今內蒙古托克托西南）、靈（今寧夏靈武南）、夏（今內蒙古白城子）、朔（今山西朔縣）、代（今山西代縣）等州的突厥降戶及單於都護府（今內蒙古和林格爾北）之地，又要求給與農器、谷種、繒帛、鐵。武周給予谷種四萬斛，雜彩五萬段，農器三千件，鐵四萬斤。此事反映後突厥部眾已不單純以游牧為生，而開始了農業生產。

同年，默啜與唐約和親不成，次年率眾南侵，深入到趙（今河北趙縣）、定（今河北定縣）等州，擄掠男女八十九萬口，使內地居民受到很大損失。西元七〇五年（唐神龍元年）唐中宗即位，默啜進攻靈、原（今寧夏固原）、會（今甘肅靖遠）等州，掠隴右群牧馬萬餘匹。西元七〇八年，張仁願在黃河以北、陰山以南築東、中、西三受降城，以阻撓其南進之路。但默啜對唐境的侵擾仍然不停，與西面的吐蕃同為唐朝的兩大憂患。雖然如此，突厥與唐朝的交往仍很頻繁。西元七〇三年和西元七一〇年，默啜都曾派使人向唐朝要求和親。

默啜晚年，待下苛暴，被其奴役的部落，漸漸叛散，大臣、戚屬也有背離默啜而投降唐朝者。西元七一六年，默啜出兵攻擊拔野古（在今蒙古土拉河流域），大勝輕敵，在歸途中為拔野古的遊騎所殺。

懷仁可汗

（西元七四七年）回紇汗國的建立者。名骨力裴羅，又名逸標。後突厥汗國自登利可汗後，爭奪汗位的變亂迭起。西元七四二年，原屬於後突厥汗國的回紇、葛邏祿、拔悉密三部一起推翻了後突厥烏蘇米施可汗，尊拔悉密酋長為頡跌伊施可汗，回紇酋長骨力裴羅與葛邏祿酋長自稱左、右葉護。西元七四四年，骨力裴羅聯合葛邏祿部殺頡跌伊施可汗，自立，稱骨咄祿毗伽闕可汗，南居突厥故地，建立了包括鐵勒諸部的回紇汗國（見回鶻）。骨力裴羅遷牙帳於烏德山、昆河之間。西元七四五年初，又攻殺後突厥白眉可汗，盡有突厥故地，東鄰室韋，西抵阿爾泰山，南控大漠。唐朝始封之為奉義王，後又封為骨咄祿毗伽闕懷仁可汗。西元七四七年卒。子磨延啜立。

松贊干布

（西元六四九至六五〇西元）藏族吐蕃王國的創建者。一作棄宗弄贊，又名棄蘇農。窮哇達則（今西藏山南地區瓊結）人。祖松贊干布達布聶贊、父囊日松贊時已在窮哇達則地區形成奴隸制政權，滅赤邦松部，勢力擴充至邏娑川（今西藏拉薩河流域）。

西元六二九年，松贊干布繼位為贊普，遷都邏些（今西藏拉薩），削平內亂，降服蘇毗、羊同等部，統一青藏高原，在聰敏的大臣祿東贊協助下正式建立奴隸主統治的吐蕃王國。他發展農牧業生產，推廣灌溉，命吞米．桑布扎制定文字，頒行治理吐蕃之「大法令」，以處理贊普王室與世家貴族、諸小邦及社會各階層的關係，創設行政制度和軍事制度，設置官職品階，頒布律令，統一度量衡和課稅制度，從中原及泥婆羅（今尼泊爾）、天竺等地引進文化、技術，使吐蕃社會有了迅速發展。他先娶泥婆羅王女尺尊公主；西元六三四年，始遣使至唐，唐命馮德遐回訪，他要求依突厥、吐谷渾例娶唐朝的公主。唐太宗未許，松贊干布遂發兵擊吐谷渾，據其南境；又進擊党項、白蘭諸羌，直逼唐之松州（今四川松潘）。唐以侯君集為行軍大總管，領步騎五萬擊之。松贊干布請和，復求婚，唐以宗室女文成公主妻之。西元六四一年，松贊干布至柏海（今青海扎陵湖鄂陵湖）親迎，結成和親關係。唐封他為駙馬都尉、西海郡王。松贊干布又遣貴族子弟至長安入國學，學習詩書，請中原文士掌管其表疏。後又請蠶種及造酒、碾、紙墨工匠，促進松贊干布陵了漢藏文化的交流。西元六四八年，松贊干布曾為唐朝出使西域的王玄策發兵攻打中天竺王阿羅那順。

據敦煌所出藏文寫卷吐蕃大事系年，松贊干布卒於六四九年（漢籍作唐高宗永徽元年），在贊普位二十餘年。

祿東贊

（西元六六七年）吐蕃大相。出身於塔布之世家噶爾家族。或作祿東贊、噶爾·東贊域宋，皆 mGar stong rtsan yul zung 大同小異的對音。松贊干布為贊普時，曾以窮波·邦色叔則為大相，窮波陰謀叛贊普，事泄自殺。祿東贊因繼為大相，極受信任。西元六四〇年受贊普命入唐求婚，次年唐授以右衛大將軍銜，護文成公主至吐蕃。西元六五〇年，松贊干布死，其孫繼位為贊普，年幼，祿東贊獨掌國政，在其當政期間，撫服邊地，規定賦稅、法律，區分「桂」（武士）、「庸」（奴隸）等級，清查戶籍，對於吐蕃的社會、經濟、政治制度的發展起了不小的作用。祿東贊沉勇有謀，善機變，用兵有節制，吐蕃倚之，遂為強國。西元六六七年死，死前數年，長駐吐谷渾境。死後，其子（或是孫）欽陵、贊婆等繼續執政，祿東贊及其子孫把持吐蕃軍政大權近五十年。

棄松德贊

（西元七五五至七九六或七九七年在位）吐蕃第五代贊普。又譯墀松德贊、乞黎蘇籠獵贊。西元七五五年，棄松德贊即贊普位，同年末，中原爆發了安祿山叛亂。棄松德贊在三尚（尚野悉、尚悉東贊、尚贊摩）、一論輔佐下，乘亂進占隴右，直逼鳳翔、州（今陝西彬縣）。唐廣德元年，馬重英突入長安，立雍邠王守禮子廣武王李承宏為帝，留長安一五日，退出。西元七八四至七八一或七八六、七八七年，吐蕃連下涼州、甘州、肅州、沙州，直到西元八四八年奄有河西之地八十五年之久。唐朝被迫於西元七六五年、六七年兩次與吐蕃在長安會盟，七八三年雙方會盟於清水，劃定邊界。七八七年，吐蕃又企圖利用朱之變後的形勢於平涼（今屬甘肅）劫盟，謀殺唐廷對抗吐蕃的主要將領渾瑊等人。是時，吐蕃武力強盛，北接回鶻（西元七八九至七九〇年曾與回鶻激烈爭奪北庭），西抗大食，東南降服南詔，南征天竺，立碑於恆河北岸，成為吐蕃武功最盛時期。

棄松德贊在內政方面也多有建樹，頒布六種大法、六種告身等吐蕃三十六制，中央設大尚、論九人處理朝政，地方設置六十一東岱（千戶）管理四境及屬部。棄松德贊在位時期還是佛教確立在藏地地位的重要階段。棄松德贊自天竺延聘高僧，建桑鳶寺（藏地第一座佛寺），譯佛經，剃度藏地第一批僧人。漢地以摩訶衍為代表的宣揚以頓悟為主的禪宗也在此時傳入吐蕃。棄松德贊傳播佛教的業績使他在藏地贏得崇高地位，被尊稱為吐蕃王朝的第二位「法王」，與松贊干布並列。

李滿住

（西元一四六七年）明代建州女真首領。祖父阿哈出（明賜名李思誠），父釋加奴（明賜名李顯忠）。永樂元年，明置建州衛，以阿哈出為指揮使。二十二年李滿住得明廷許可，從輝發河鳳州遷居婆豬江（今鴨綠江支流渾江）一帶。宣德元年襲父職為建州衛都指揮僉事。正統三年移居灶突山東渾河上游的蘇子河流域。五年，建州左衛凡察童倉（董山）等從朝鮮阿木河遷來與其一處居住。七年，明從建州左衛中析出建州右衛，形成建州三衛。滿住勢力最強，為建州諸衛之首。同年為都督僉事，十三年升都督同知。他合建州三衛之力，勢力大增，成為明朝和朝鮮的大患，乘間寇掠無常。景泰，天順間，滿住時而歸順明廷，送還所虜人口，赴京服罪，歲時進貢；時而陰縱抄掠，假稱達子，寇鈔遼東，俘虜邊民，殺傷官軍，蹂躪邊境，荼毒生靈。成化三年明約朝鮮共同出兵，夾擊建州衛。九月斬殺李滿住及其子古納哈等，餘部逃散，建州女真遭受嚴重挫折。五年，其孫完者禿襲職為都指揮僉事，依前朝貢。

也先

明代蒙古瓦剌部首領。又譯額森。出身於準噶爾部，姓綽羅斯氏，順寧王馬哈木孫，脫子。

祖孫世掌瓦剌之政。正統四年脫死，也先嗣位，稱太師淮王，常與明朝有貢使往還。可汗脫脫不花僅以元裔之名為君，不相臨制。也先在脫兼併蒙古各部的基礎上向外擴張，西攻哈密，又大規模地出討蒙兀兒斯坦，並與沙州（今甘肅敦煌）、赤斤蒙古（今玉門市西北）諸衛首領通婚；東破兀良哈，脅逼高麗。使東至女真，西至赤斤蒙古的廣大地區，皆受其約束。正統十四年大舉侵明，在土木之變中俘虜明英宗，並脅裹英宗包圍北京城，後被於謙擊卻，議和，送還英宗，恢復貢市。此後，他殺脫脫不花，自立為大元田盛（天盛）大可汗，建號添元，設左右丞相及行省，又採取一系列統治措施。但也先的統治為時很短。先是女真諸部起而為亂，後兀良哈因不堪其徵斂與騷擾，也起而反叛；內部又因其合兵南侵，利多歸於己，而弊則均受，引起部下不滿。也先荒於酒色，恃強益驕，致其眾日益離心，走散大半。景泰五年為部下阿刺知院等所殺，瓦剌勢衰。

達延汗

（約西元一四七四至一五一七年）明代蒙古可汗。又作歹顏哈、答言罕、達衍汗，皆為「大元大可汗」的異譯。本名巴圖蒙克（一譯把禿猛可），孛爾只斤氏。成吉思汗十五世孫。成化十六年（一說為成化十五年）即汗位，明人因其年幼而稱為小王子。在其妻滿都海哈屯的輔佐下，數與瓦剌爭戰，擊敗瓦剌。至正德初年，又先後翦除以亦思馬因、火篩、亦卜剌等為首的割據勢力，統一了漠南蒙古各部。他將蒙古分為左右兩翼，每翼各設三個萬戶，分封諸子為領主。從而結束了有明以來北方地區擾攘動亂的局面，建立了比較穩固的統治。在此基礎上與明朝頻年通貢互市，貢使多達六千餘人，至京師者以五百人為率。貢道由大同入居庸。貢物有馬，駝、毛皮產品等。達延汗對蒙古的統一，帶來了比較安定的生產環境，對蒙古的社會發展有促進作用，被譽為蒙古歷史上的「中興之主」。由於史料記載互相牴牾，國內外學者對達延汗的生卒年代和事跡的看法頗不一致。有人認為達延汗實為兄弟二人（兄把禿猛可、弟伯顏猛可），也有人認為達延汗指伯顏猛可。關於其生卒和即位年代，各家所述亦多有出入。

俺答汗

（西元一五〇七至一五八一年）明代蒙古右翼土默特萬戶首領。又譯阿勒坦汗、諳達、安灘等，亦名索多汗、葛根汗。孛兒只斤氏，達延汗孫。其部住牧在豐州灘（今內蒙古自治區呼和浩特）一帶。明嘉靖初年嶄露頭角，配合其長兄吉囊數征北方兀良哈和青海的衛部特（見瓦剌）等部。吉囊死後，勢力日強，控制蒙古右翼地區，將察哈爾宗主汗迫往遼東。嘉靖二十九年兵臨北京城下，脅求通貢，史稱庚戌之變。次年明朝迫於俺答威勢，開馬市於宣府、大同等地，旋因閉市而戰事復開。隆慶四年，以俺答之孫把漢那吉降明為契機，明蒙開始和談，俺答以亡入自己領地的趙全等九名漢人換回那吉。次年明朝封俺答為順義王，其弟、子及各部頭目皆授以都督、指揮、千百戶等官；又議定通貢互市條款，規定每年一貢，以二月為期，貢由小王子故道，貢馬不得過五百匹，貢使不得過一百五十名。還先後於大同、宣府、延綏、寧夏、甘肅等近邊地區開設馬市十一處，互市貿易，與市人數年有增加。從此開始了明蒙幾十年和平友好的局面，促進了蒙古右翼地區經濟、文化的發展。萬曆六年，俺答赴青海西會見西藏喇嘛索南嘉錯時，尊索南嘉錯為「聖識一切瓦齊爾達喇達賴喇嘛」，是為達賴稱號之始；並先後在歸化城等地建立寺廟。在其扶持下，喇嘛教開始在蒙古廣泛傳播。

三娘子

（西元一五五〇至一六一二年）明代蒙古土默特部首領，俺答汗之妾。又稱鐘金哈屯也兒克兔哈屯（哈屯，蒙語為夫人之意），本為俺答汗外孫女，先已許嫁鄂爾多斯，後為俺答占為已有。她以聰穎英俊，擅長騎射，長於蒙古文字而深得俺答寵愛，諸事多取其裁奪。明隆慶二年偕同俺答汗出征瓦剌。四年，因俺答之孫把漢那吉降明而開始明蒙和談，三娘子力主與明朝貢市，發展通商貿易。次年封貢事成，她又輔佐俺答主持貢市，密切與明邊臣的連繫，積極維護和執行封貢協議，發展了蒙古地區與中原的經濟貿易往來。六年，與俺答汗赴青海謁見達賴三世，使喇嘛教格魯派（黃教）傳入蒙古族地區。俺答於萬曆九年卒，她執掌權柄，率子上書明廷表示繼續忠順，並與屬下立誓，執行俺答時期與明朝的封貢之議。十一年，從明朝之勸，依當時蒙古族的習俗再醮第二代順義王辛愛，嗣封為忠順夫人，保持了蒙古內部的安定及同明朝的平安互市關係，促進了蒙古社會經濟的進一步發展。十三年辛愛死，續嫁第三代順義王扯力克，令行塞外，為各部所推重。十七年扯力克入青海，與火落赤等部擾掠洮河地區，明蒙關係惡化。後由於她從中斡旋，一度中止的貢市得以恢復。四十年卒。她在明與蒙、藏友好關係中作出了特殊貢獻，長期受到蒙漢人民的尊敬和紀念。

宗喀巴

（西元一三五七至一四一九年）西藏佛教（喇嘛教）格魯派創始人。本名羅桑扎巴，因係青海宗喀（今湟中）人，故藏族人民尊稱為宗喀巴。宗喀巴三歲時從噶瑪噶舉派黑帽四世乳必多吉受近事戒。七歲在西寧甲瓊寺出家，從寺主噶當派名僧人頓珠仁欽學佛學九年。十六歲進藏，遍學各教派顯密教法，二十九歲受比丘戒，經常進行講經活動，卓有聲譽。當時，各教派僧人戒律鬆弛，不得人心，宗喀巴因而決意進行宗教改革。約明洪武二十一年，他開始改戴桃形長頂的黃色僧帽，以重視戒律作為號召。以後弟子們也隨戴黃帽，因此被稱為黃帽派。建文二年春，在拉薩西郊噶瓦棟寺宣講大乘戒律，要求一切僧人都須嚴守戒律，按照嚴格的制度，循序漸進地學經，對寺院的組織也作了改革藏傳佛教壁畫中宗喀巴像和調整。四年寫出闡明個人宗教觀點的第一部重要著作《菩提道次第廣論》。永樂四年又寫成《密宗道次第廣論》，力求糾正各教派的流弊。他進行的宗教改革，得到被明朝封為闡化王的帕主．札巴堅贊及其屬下貴族的大力支持。永樂七年初，宗喀巴在拉薩發起大祈願法會（藏語為默浪欽摩，漢語又稱為傳大召或傳召大會），並在拉薩東北的汪古日山修建了甘丹寺，以噶當派教義為基礎，正式建立格魯派。十二年，明成祖朱棣派人進藏召請其進京，宗喀巴派弟子釋迦也失代替自己到北京朝貢。宣德九年，釋迦也失被明宣宗封為大慈法王，在中原傳教。宗喀巴的弟子先後於永樂十四年和十六年在拉薩城郊修建哲蚌、色拉兩座寺院，連同宗喀巴自建的甘丹寺，合稱三大寺，十七年，宗喀巴圓寂於甘丹寺。

達賴三世

（西元一五四三至一五八八年）西藏佛教格魯派僧人。原名索南嘉措。《明史》為鎖南堅錯。西藏堆龍（今堆龍德慶）人。出身於藏族貴族之家。明嘉靖二十五年由哲蚌寺上層僧人迎至寺內，作為前任座主根敦嘉措的轉世，這是格魯派實行活佛轉世制度的正式開端。二十八年受沙彌戒，三十一年任哲蚌寺座主，三十七年兼任色拉寺座主。四十三年受比丘戒。萬曆五年十一月，應蒙古土默特部領袖俺答汗之請赴青海。次年五月，在青海湖東的仰華寺與俺答汗會見。勸止蒙古族的人殉及殺生等陋俗，宣傳格魯派教義，使蒙古族放棄薩滿教，改信佛教，故俺答汗贈他以「聖識一切瓦齊爾達喇達賴喇嘛」之號，被尊為西藏佛教界在顯宗和密宗方面取得最高成就的上師，是為達賴喇嘛活佛轉世系統獲得名號之始。他追認，根敦嘉措為達賴二世，宗喀巴的弟子根敦主為達賴一世；自己即為達賴三世。同年，隨俺答汗赴內蒙古，路經宗喀（今青海湟中）時，在宗喀巴降生地修建塔爾寺；又應明甘肅巡撫侯東萊之約，至甘州（今甘肅張掖），向明朝進貢馬匹等物，並致書張居正，表示效忠於朝廷，請求准許定期朝貢。至土默特後，修建蒙古族地區的第一座格魯派寺院大乘法輪洲寺。八年返藏途經理塘（今屬四川）

時，主持修建理塘寺後回拉薩。此後，聲望日隆。十五年至土默特部參加俺答汗葬禮，被明神宗朱翊鈞封為「朵只兒唱」（藏語金剛持之意），並應邀進京。次年，在前往北京途中，圓寂於內蒙古的卡歐吐密。

固始汗

（西元一五八二至一六五五年）明末清初厄魯特蒙古所屬的和碩特部首領。一譯固始汗。本名圖魯拜琥，為成吉思汗之弟哈布圖哈薩爾十九世孫，哈尼諾顏洪果爾第四子。祖父博貝密爾咱、父哈尼諾顏洪果爾世為厄魯特汗。固始汗十三歲時即驍勇善戰，率兵擊潰「果噶爾」（mgo gkar，意為白頭，指信奉伊斯蘭教的民族）部一萬（一說四萬）士兵。明萬曆三十四年生母阿海哈屯去世，傾其家產，廣散布施，為母超度，博得部眾擁戴。同年，喀爾喀蒙古與厄魯特部發生戰亂，他曾巧妙地調解兩部之爭。因此，代表西藏佛教中格魯派（黃教）與蒙古諸部連繫的東科爾呼圖克圖三世甲哇嘉錯和喀爾喀部領袖，共同贈他以「大國師」的稱號。因稱「國師汗」，音轉為固始汗。此後，即尊信黃教，曾捐資翻譯佛教經典多部。崇禎三年遣使去烏法與俄國地方當局接觸。七年與俄國衝突。八年與準噶爾部領袖巴圖爾琿台吉經青海，於九年抵拉薩，受達賴五世、班禪四世贈予的「丹增卻傑」（執敬法王）稱號。九年秋率和碩特部兵馬在準噶爾部援助下，南進青海，目的在於進而占據西藏地區。

崇禎十年正月固始汗殺原據青海與黃教為敵的喀爾喀部卻圖汗，並其部眾四萬人，遂據青海。十二年滅康區白利土司頓月多吉。十五年進藏，滅與黃教為敵的藏巴汗，掌握西藏地方政權，大力扶植黃教。清天聰九年，遣使赴盛京（今遼寧瀋陽）向清朝納貢通好。滅卻圖汗後，又與達賴五世、班禪四世計議遣使與清通好。使者於崇德七年抵盛京，備受款待。順治二年尊班禪四世為師並贈「班禪博克多」稱號。十年受清封為「遵行文義敏慧固始汗」。

固始汗對鞏固西藏地方與清朝中央政權的關係產生一定作用。

策妄阿拉布坦

（西元一六六五至一七二七年）清代準噶爾部首領。號額爾德尼卓裡克圖琿台吉。僧格長子。早年曾附牧於噶爾丹。康熙二十七年，噶爾丹為鞏固其在準噶爾部的統治地位，殺其弟索諾木阿拉布坦，又暗中派人對策妄阿拉布坦進行迫害。策妄阿拉布坦被迫率領僧格舊部徙牧博羅塔拉，與噶爾丹分立，並積極配合清朝政府同噶爾丹割據勢力進行鬥爭。三十六年，噶爾丹死，準噶爾故地盡為其所有。隨著統治權力的擴大，策妄阿拉布坦與清朝政府的矛盾日漸加劇。五十四年，他派兵襲擊哈密北境五寨；五十六年令大策零敦多布率兵六千多人侵襲西藏；企圖挾達賴喇嘛號令「眾蒙古」，與清朝政府分庭抗禮。由於大策零敦多布等在西藏受到藏族人民的強烈反對及清軍的沉重打擊，準噶爾軍被迫撤離西藏。

策妄阿拉布坦統治時期，準噶爾的社會經濟較噶爾丹和巴圖爾琿台吉時期有所發展。康熙五十四年、五十八年他又數次派兵抗擊沙俄的侵略，為捍衛中國西北地區的安全作出了有益的貢獻。

噶爾丹

（西元一六四四至一六九七年）清代厄魯特蒙古準噶爾部首領，巴圖爾琿台吉第六子。早年赴西藏當喇嘛，與第巴桑結嘉措關係密切。康熙十年初，其兄僧格在準噶爾貴族內訌中被害，噶爾丹自西藏返，擊敗政敵，取得準噶爾部統治權。十五年，噶爾丹擒獲其叔父楚琥布烏巴什，次年襲殺和碩特部首領鄂齊爾圖汗，並其部屬，實力大增。隨後又占領南疆，遂據有天山南北。十八年，達賴喇嘛贈以博碩克圖汗稱號。二十七年，噶爾丹為實現割據西北、統治蒙古諸部的政治圖謀，在俄國政府的慫恿支持下，興兵進攻喀爾喀蒙古土謝圖汗部。又藉口追擊土謝圖汗部餘眾，進軍內蒙古烏朱穆秦地區，與清王朝發生直接軍事衝突。康熙帝為確保邊疆安定，曾三次親征漠北。二十九年烏蘭布通之戰，清軍大破噶爾丹以萬餘駱駝組成的防禦營地（駝城），噶爾丹敗歸科布多，伺機而動。三十五年昭莫多之戰，清軍殲敵數千，擊潰噶爾丹主力軍隊，噶爾丹兵敗流竄，眾叛親離。三十六年三月在科布多阿察阿穆塔台地方暴病而死（見平定準噶爾）。

阿睦爾撒納

（西元一七二三至一七五七年）清代厄魯特蒙古輝特部台吉，準噶爾汗策妄阿拉布坦外孫。名為輝特台吉偉征和碩齊之子，實是和碩特部拉藏汗長子丹衷的遺腹子。原游牧於塔爾巴哈台一帶。乾隆十七年冬，助達瓦齊襲殺喇嘛達爾札奪取汗位，不久又與達瓦齊發生火並，被擊敗。十九年秋，為借助清軍之力翦除政敵，與杜爾伯特部台吉納默庫、和碩特台吉班珠爾率所部兩萬餘人，歸附清廷，封為親王（後晉封雙親王）。次年春，清軍兵分兩路進攻伊犁、征伐達瓦齊時，任定邊左副將軍。攻占伊犁舌，他廣結黨羽，欲挾清廷封其為厄魯特四都總汗。清廷以「行飲至禮」為名，準備召回處置。阿睦爾撒納在前往熱河途中，藉口暫歸治裝，逃回塔爾巴哈台，唆使同夥乘機搶掠清軍台站，襲擊伊犁。清將班第兵敗自殺，天山南北變亂復起。二十一年三月，在清軍追擊下，阿睦爾撒納逃往哈薩克。俄國遣使攜信與其密謀，表示支持。同年冬，他潛回塔爾巴哈台，收集殘部，自立為汗。同時，派達瓦使團向俄國求援，以永遠臣服俄國為條件，要求俄國承認他為厄魯特總汗，並在額爾齊斯河與齋桑泊之間修建要塞，以防清軍進攻。二十二年七月，被清軍擊潰，間道哈薩克投奔沙俄。九月病死於托波爾斯克。

策棱

（西元一六七二至一七五〇年）清代前期蒙古族重要將領。又作「策凌」。喀爾喀蒙古之賽因諾顏部人，姓博爾濟吉特，成吉思汗嫡裔。策棱少長於塔密爾河流域。康熙二十七年準噶爾部台吉噶爾丹舉兵侵入喀爾喀，策棱偕祖母格楚勒哈屯，弟恭格喇布坦投奔清朝。清廷以其為成吉思汗十八世孫圖蒙肯嫡嗣，賜居京師，教養於內廷。四十四年，娶和碩純公主，授貝子品級，令歸牧塔密爾。五十四年，策妄阿拉布坦派兵侵襲哈密，策棱應召赴推河從軍。五十九年隨振武將軍傅爾丹進擊準噶爾，擒其宰桑貝坤等百餘人。雍正元年，詔封多羅郡王。九年八月，大、小策零敦多布率兵三萬侵襲喀爾喀，策棱與親王丹津多爾濟率兵往擊，敗準軍於鄂登楚勒。十年六月，小策零敦多布率兵三萬由奇蘭再次入侵喀爾喀，策棱與將軍塔爾岱御之於本博圖山。小策零敦多布掠其牧，策棱馳師往救，於額爾德尼昭（即光顯寺）大敗準軍，準軍被迫遣使求和，使漠北地區的局勢從此得以安定。策棱因戰功卓著，被清廷賜號「超勇」，佩定邊左副將軍印。從雍正十一年至乾隆十五年，策棱一直駐防漠北，對北方邊境的安寧，起著重要作用。

渥巴錫

（西元一七四三至一七七四年）清代厄魯特蒙古諸部中土爾扈特部首領，阿玉奇汗曾孫。土爾扈特部自西元一六三〇年代遷至伏爾加河下游以後，不斷遭受沙皇俄國的政治壓迫與經濟掠奪。乾隆二十六年渥巴錫繼承汗位，為擺脫沙俄壓迫，維護民族生存，三十五年冬，經過周密準備之後發動武裝起義，率所部十六萬餘眾，歷盡艱險，長途跋涉，於三十六年夏返歸祖國。渥巴錫謁見伊犁將軍時，向清政府獻出其先世所受明永樂八年漢篆封爵玉印一顆。清政府對渥巴錫率部返歸祖國的愛國行動極為重視。乾隆帝於熱河行宮（即避暑山莊）多次接見渥巴錫，封他為卓哩克圖汗，命其統領舊土爾扈特部。三十九年，渥巴錫病逝。

章嘉呼圖克圖

清代掌管內蒙古地區喇嘛教的大活佛。原出於青海廓隆寺，第一世名扎巴悅色，生於青海省互助縣紅崖子張家村，由此而得名「張家活佛」。後改「張家」為「章嘉」。第二世名阿旺羅桑曲丹，入藏學經，師事達賴五世，曾任哲蚌寺果莽扎倉堪布，著有全集。康熙三十二年受封為札薩克（jasak，旗主）喇嘛，四十四年封為呼圖克圖（長生不老之人）、大國師，頒金印，並委以總管內蒙古佛教事務，深得朝廷信用。第三世名茹貝多吉，八歲入京，駐梅壇寺，移嵩祝寺，與諸王子同學。十八歲精通漢、滿、蒙、藏文字，著有全集。清世宗封為灌頂普善廣慈大國師。奉旨護送七世達賴返藏，後冬住北京，夏往多倫。其轄下有多倫匯宗、善因等寺，北京嵩祝、法淵等寺，西寧廓隆、廣濟等寺，五台鎮海、普樂等寺。乾隆元年授以「管理京師寺廟喇嘛札薩克達喇嘛振興黃教大慈大國師」名號，遂成定製。五十七年，清政府規定其轉世須經清廷主持的金瓶掣簽決定。四世名益西丹貝監參，五世名益西丹貝尼瑪，六世名羅桑丹貝嘉錯，七世名益西多吉，均以內蒙古喇嘛寺院為主要宣化對象，駐牧有年。

哲布尊丹巴呼圖克圖

清代喀爾喀蒙古地區最大的藏傳佛教格魯派（黃教）活佛。西元一六初，西藏佛教覺南派僧人多羅那他受請前往喀爾喀部傳教近二十年，常駐庫倫（今蒙古烏蘭巴托），深得喀爾喀部統治階級的信奉和支持，被尊為哲布尊丹巴，意為聖賢尊者。明崇禎七年多羅那他圓寂。次年，喀爾喀部土謝圖汗袞布多爾濟生次子札那巴札爾，喀爾喀部遂認定是多羅那他轉世，即哲布尊丹巴一世（西元一六三五至一七二三年）。清順治六年哲布尊丹巴一世進藏學經，達賴五世迫令他改宗黃教，授給他「哲布尊丹巴呼圖克圖」（呼圖克圖，意為長生不老之人）的尊號。從此哲布尊丹巴活佛系統由覺南派改屬黃教。康熙二十七年準噶爾部進攻喀爾喀部，哲布尊丹巴一世勸說喀爾喀部歸順清朝。乾隆以後，其轉世須經由清廷主持的金瓶掣簽確定。西元一九一一年哲布尊丹巴八世在沙俄慫恿下宣布「獨立」，成立「外蒙古自治政府」，稱「大蒙古皇帝」。西元一九一九年十一月撤銷自治。西元一九二一年三月白俄軍據庫倫，擁哲布尊丹巴八世復辟。七月，蒙古人民革命黨於庫倫成立革命政府，以哲布尊丹巴八世為立憲君主。西元一九二四年三月哲布尊丹巴八世圓寂於庫倫。十一月蒙古取消君主政體，成立共和國。

杜文秀

（西元一八七三年）清咸豐同治間雲南回民起義領袖。字雲煥。雲南永昌府保山縣金雞村人，回族。生長於商人家庭，自幼讀書，聰穎過人，入庠應試，補為廩生。為人剛毅正直，見義勇為。道光二十七年曾與保山回民丁燦廷、木文科等至北京都察院控告地方當局支持保山漢族團練屠殺回民事件。清政府命雲貴總督林則徐赴滇察辦。咸豐六），雲南回民起義發動後，杜文秀於蒙化率眾起義，攻克大理，為起義群眾推為總統兵馬大元帥，宣布遙奉太平天國號令，蓄髮易服，旗幟尚白，以甲子紀年，聯合漢、彝、白等族建立起以大理為中心的起義政權，指揮起義軍不斷打擊清朝反動統治，陸續占據五十餘座城池，形成雲南各族人民反清鬥爭的一支重要力量。杜文秀領導的大理政權實行了一系列有利於各族人民的措施：①回漢民族一律平等，改進了民族關係，增強了團結，深得各族人民支持與擁護，起義隊伍不斷擴大。②頒布《管理軍政條例》，整飭吏治與軍紀，嚴禁起義官兵貪汙受賄、勒索百姓和欺壓人民。③下令招集流亡，安定社會秩序；取消地方苛派，減輕人民賦稅負擔；發放耕牛、農具，招民墾荒，興修水利，開展貿易，發展農業生產和社會經濟。由於上述措施的實行，大理政權轄區內民商相安，百姓樂業，受到各族人民的稱頌。

同治六年，杜文秀調集二十餘萬大軍，大舉東征昆明。發布《誓師文》，明確提出反清的起兵宗旨；並傳檄全省，申明起義軍拯救回漢民族的起義目的，在雲南境內掀起反清抗爭的高潮。但起義軍在長期圍攻昆明戰役中，由於策略上保守，坐失軍機，致使清軍乘機反撲，義軍潰敗，從此起義勢力一蹶不振。西元一八七三年，清軍兵臨大理，杜文秀見大勢已去，在起義軍主和勢力影響下，情願犧牲自己以救大理軍民，服毒後出城與清軍議和，被殺犧牲。

達賴五世

（西元一六一七至一六八二年）明末清初西藏佛教格魯派（黃教）領袖。名阿旺羅桑嘉措，西藏窮結人。六歲入拉薩哲蚌寺，九歲從班禪四世羅桑曲（見班禪）出家。明崇禎十五年與班禪四世會同蒙古和碩特部領袖固始汗，共同遣使赴盛京（今遼寧瀋陽）與清朝通好。當年他與班禪四世招引固始汗攻滅與黃教為敵的噶舉派（白教）法王和掌握西藏實權的農奴主藏巴汗，控制了西藏地方政權，被尊為宗教領袖，以西藏地方賦稅收入作為「供養」。此後，遂憑藉強大的經濟實力，空前地鞏固了西藏的封建農奴制度。清順治九年應邀來到北京，受到順治帝（清世祖福臨）的隆重接待。次年返藏途經代噶（今內蒙古涼城）時，清朝遣使封他為「西天大善自在佛所領天下釋教普通瓦赤喇怛喇達賴喇嘛」，賜金冊金印，確定了達賴喇嘛的西藏佛教領袖的地位。在加強西藏地方與清朝中央的關係方面，起過一定的積極作用。著有《西藏王臣史》。藏人尊稱他為「額巴欽波」，意為偉大的五世。

班禪六世

（西元一七三八至一七八〇年）清代西藏佛教格魯派（黃教）兩大領袖之一。名貝丹意希，西藏南木林人。母為拉達克土王之女，同母異父兄為西藏佛教噶瑪噶舉派紅帽系第十世活佛（《清史稿》作沙瑪爾巴）及仲巴呼圖克圖。清乾隆六年入日喀則扎什倫布寺出家，三十年受清朝頒賜金冊，四十二年為達賴八世授比丘戒。四十五年七月至熱河（今河北承德）避暑山莊，慶賀乾隆帝（清高宗弘曆）七十壽辰，是第一個到內地來的班禪。乾隆帝在承德仿照扎什倫布寺的形式，為他修建須彌福壽寺居住。八月隨乾隆帝回到北京，駐錫西黃寺，十一月因出痘圓寂。四十六年春，其肉身金龕返藏，乾隆帝親至西黃寺禮送。四十七年乾隆帝敕建清淨化城塔院於西黃寺之西，藏其經咒衣履。其兄仲巴呼圖克圖時任扎什倫布寺總管，霸占自北京運回的各族王公大臣的大量饋贈及賻儀，不以分潤紅帽系十世。紅帽系十世出走廓爾喀（今尼泊爾），導致發生乾隆五十六年廓爾喀侵略後藏、洗劫扎什倫布寺事件。

頗羅鼐

（西元一六八九至一七四七年）清代西藏貴族。西藏江孜人，本名琑南多結。厄魯特蒙古的和碩特部拉藏汗統治西藏時期，頗羅鼐被任命為江孜宗本（西藏地方縣、區級政權稱宗，其地方官稱宗本）和拉藏汗祕書。康熙五十六年準噶爾部首領策妄阿拉布坦派兵侵擾西藏，殺拉藏汗。五十九年清政府派兵進藏戡亂，頗羅鼐配合阿里總管康濟鼐出兵響應清軍，擊退準噶爾軍。清政府平亂後，改組西藏地方政府，頗羅鼐為四噶倫（總理西藏政務官員）之一，任仔本（審計官），掌管財政。雍正元年青海蒙古和碩特部貴族羅卜藏丹津叛亂，頗羅鼐奉命率軍駐於那雪（今西藏北部）、玉樹（今青海南部）地區抵禦。五年噶倫阿爾布巴殺首席噶倫康濟鼐，頗羅鼐發後藏、阿里軍討擊。六年，阿爾布巴兵敗被執。同年，清軍入藏，任命頗羅鼐協助駐藏大臣總理政務，並封其為貝子。

頗羅鼐執政期間，實行了安定西藏社會秩序，促進藏族政治、經濟、文化發展的措施。他設置常備軍，練兵設卡，整修驛站，發展貿易，合理攤派差役、賦稅，尊重西藏各派喇嘛教，修復各派寺院。雍正八年在拉薩主持雕印藏文大藏經「甘珠爾」（佛語部）、「丹珠爾」（論部）。乾隆四年頗羅鼐被封為郡王，十二年病故。

達賴十三世

（西元一八七六至一九三三年）西藏佛教格魯派（黃教）領袖。法名「土登嘉措」，光緒二十一年八月親政，以謀害罪處死原攝政第穆呼土克圖，遂總理西藏政教大權。

西元一八八六年，英軍由錫金侵入西藏。西元一八八八年三月英國又武裝進攻隆吐山，中英簽訂《藏印條約》，中國割讓哲孟雄給英國，允許英人在藏開埠貿易。西元一八九八年英印總督寇松兩次致函達賴，試圖拋開清政府，與西藏單獨談判立約。遭達賴堅決拒絕後，寇松乃以武力相威脅。西元一八九九年，達賴透過外蒙古哲布尊丹巴轉奏清廷，請求與清政府直接對話，並請援助軍火以禦外侮，遭到清政府「逐條駁斥」。西元一九〇〇年，達賴兩次祕遣親俄分子德爾智赴俄尋求支持。西元一九〇三年底，榮赫鵬率英軍三千再度侵藏，由亞東、帕里入江孜。西元一九〇四年八月攻占拉薩。達賴帶少數扈從逃亡，暫駐外蒙古庫倫（今烏蘭巴托），再遣德爾智赴俄。西元一九〇六年四月起程返藏，因英方阻撓，被迫暫棲塔爾寺。此時班禪、達賴先後提出入京陛見。西元一九〇八年達賴奉旨入京，覲見光緒帝和慈禧太后，商討藏事，並由清廷頒給金冊。

達賴又於雍和宮會見英公使朱爾典，表示友好互利，西元一九〇九年九月取道藏北那曲返回拉薩。時值駐藏大臣聯豫推行各項改革，引起動亂，清朝根據聯豫請求，派川軍入藏彈壓。達賴致電各國駐京公使，要求迫使清朝撤軍，同時下令徵調民兵阻截川軍。次年三月初，川軍進抵拉薩，與藏軍發生衝突，達賴倉皇逃往印度。清廷宣布革去達賴喇嘛名號。西元一九一一年，清朝滅亡。達賴受英國指使，派達桑占東潛赴西藏組織暴動。駐藏川軍以「響應革命」為名嘩變，大肆搶劫拉薩市民財物，引起西藏人民的反對，被繳械送回內地。駐藏大臣因清帝退位而自動離職，西藏地方政權統治出現暫時真空狀態。西元一九一二年六月，達賴回藏。西元一九一三年十月派代表參加西姆拉會議，主張西藏「獨立」，參加會議的北洋政府代表對這一無理要求予以拒絕。從西元一九一三年始，達賴在西藏推行一系列「新政」，包括創辦新軍，設置警察，建立郵政，開辦電廠，促進醫療、教育等。西元一九一七年和一九三〇年，達賴在英國脅迫下兩次發動對西康的進攻。西元一九一九年十月，北京政府派朱繡入藏，與達賴多次會談，達賴表示願服從中央政府。西元一九二一年初，發生了拉薩三大寺喇嘛反對英人柏爾擴編藏軍、加徵賦稅的暴動。西元一九二四年，以達桑占東為首的親英少壯派軍人謀反敗露，被達賴革職查辦。達賴乃下令封閉英人在江孜新辦的貴族子弟學校，拒絕英國派遣代表來拉薩的請求。西元一九二九年，南京國民政府派劉曼卿進藏申明政府各項主張，達賴表示擁護國民政府，願意恢復舊制，派人參加了第二年舉行的蒙藏會議，並於西元一九三一年在南京設立西藏辦事處。西元一九三三年十二月十七日，達賴十三世病逝於拉薩。

大義公主

隋朝立國之初，突厥的威脅就成為嚴重的問題。當時，突厥有五個可汗，一是乙息記可汗之子攝圖，號稱沙鉢略可汗，又稱伊利可汗；二是沙鉢略可汗的從父玷厥，號稱達頭可汗；三是他鉢可汗之子庵羅，號稱第三可汗；四是木桿之子大羅便，稱為阿波可汗；五是沙鉢略可汗之弟處羅侯，稱為突利可汗。沙鉢略的力量最強，是突厥汗國內五個可汗中最大的可汗，他對中原地區威懾力量也最大。

由於與北周長期「和親」結盟，突厥貴族對於楊堅的代周建國不太樂意，又想乘其立足未穩南下侵掠。這時，北周的千金公主發揮了自己的作用。她在他鉢死後又嫁給了沙鉢略，知道北周滅亡後，時時為國破家亡傷心，總想找隋朝報仇，就天天向沙鉢略哭訴，最後促使他決定及早出兵。於是，沙鉢略召集阿波等部，集合大軍四十萬南下，隋朝邊關狼煙四起。隋朝初時戰局不利，後來採取遠交近攻的政治、軍事策略，與阿波等部通好進行分化，以集中力量打擊沙鉢略的軍隊，很快粉碎了突厥的進攻。這次南侵的失敗也加劇了突厥內部的矛盾，達頭、阿波等西部勢力聯合進攻沙鉢略，脫離他的管轄，突厥汗國便分裂成為了東、西兩部，稱為東突厥、西突厥。

作為東突厥的可汗，沙鉢略既要面對西突厥的進攻，又要防範東北的契丹，更擔心隋朝乘機討伐。在這種情況下，他權衡之後決定與隋朝和好，千金公主也暫時不想與隋朝為敵了。怎樣才能化干戈為玉帛呢？他們都想到了一點，那就是與中原王朝曾經有過的「和親」基礎。千金公主先上書隋文帝楊堅，詳細內容雖不可知，但顯然是講自己是北周的公主，也是隋朝的女子，女婿沙鉢略應被同樣看作文帝的兒子輩。隋文帝為維持北方各勢力的平衡，未採納晉王楊廣乘機滅東突厥的意見，而是派使者前往，希望結束敵對狀態。沙鉢略送走使者後立即上書，稱文帝是自己的岳父，自己是中原的女婿，也就相當於兒子輩，突厥的牛羊也就是大隋的牲畜，突厥願與隋朝世代和平相處。文帝很快回函，表示已經知道他傾心內向，我既然是你沙鉢略的老岳父，對你也就像對兒子一樣，我現在派大臣虞慶則看看女兒，也看望女婿你。

虞慶則在東突厥的經歷並不輕鬆。沙鉢略排列出軍隊炫耀武力，擺出各種奇珍異寶顯示富有，而且坐著迎接「天朝使臣」，說自己病了，不能起來，還講：「從我父親、伯父以來，都不向人下拜。」面對此情此景，虞慶則指責他不合禮儀，並進行勸喻。千金公主則在私下勸虞氏適可而止，她說：「可汗性如豺狼，與他過分爭論的話，狼會吃人的。」隨行的長孫晟不怕「狼吃人」，仍然勸說沙鉢略，曉以情理，喻以利害。沙鉢略最後自感理屈，以跪拜之禮領受了隋朝印信、敕書。虞氏又勸他遣使稱臣，他就問部下什麼是「臣」，部下則告訴他，「向隋稱臣就是做他們的奴隸」。他高興地表示：「能夠做隋朝的奴隸，我要好好感謝虞僕射了！」在隋朝使者返回前，他送給虞慶則好馬一千匹，並把堂妹嫁給他。於是，虞氏在完成使命之間又有了一次聯姻，成了東突厥王族的女婿。

隋開皇五年，沙鉢略為西突厥和契丹所逼，感到周邊形勢險惡，請求南遷到白道川（今呼和浩特平原）。隋朝批准了這一請求，並給予軍事、物資援助，雙方關係更加密切。文帝在詔書中稱：隋朝與東突厥「過去雖然和好，但仍是兩個國家，現在已經是君臣，融為一體了」。對於千金公主，文帝賜她姓楊，改封為大義公主，褒揚她深明大義，為雙方的和好、邊疆的穩定作出了貢獻。

西元五八七年，沙鉢略可汗死去，他的弟弟處羅侯即位，稱為葉護可汗，葉護戰死後由沙略鉢之子雍虞閭即位，號稱都藍可汗。他們在位期間都注意發展與隋朝的關係，但大義公主卻引出種種麻煩，最後遭致殺身之禍。西元五八九年滅陳之後，文帝把陳後主（叔寶）的屏風送給大義公主，大概是想讓她欣賞、使用這個來自中原的物品，豈料引得她萬分感慨，在屏風上寫下了一首五言詩：

盛衰等朝暮，世道若浮萍。榮華實難守，池台終自平。富貴今何在？空事寫丹青。杯酒恆無樂，絃歌詎有聲！余本皇家子，飄流入虜庭。一朝睹成敗，懷抱忽縱橫。古來共如此，非我獨申名。唯有明君曲，偏傷遠嫁情。

這首詩的前半部分中，她首先從屏風想到了陳朝的興亡，感嘆王朝的盛衰、世道的變遷；又從陳後主的命運想到榮華富貴的無常。是啊，當年陳後主住在重重亭台殿宇之中，在嬪妃陪侍下飲酒作樂，現在又怎麼樣了呢？其實，她實質上是在感傷當年北周滅亡的舊事，只是不敢明白地寫出來。在下半部分，她更感傷自己的身世，想到當年身為皇室之女的歡樂，遠嫁邊陲之後的辛酸，特別是北周傾覆後的痛苦，昔日為周突聯姻而獻身的抱負又都哪裡去了呢？可古往今來的人哪個不是這樣，豈止我一個？可我最怕聽那支《明君曲》，讓我更加為自己遠嫁異域感到悲傷！

大義公主寫這首詩的事被報告到隋廷，文帝對她非常厭惡，所賞賜的物品越來越少。五九三年前後，有個叫楊欽的人從中原竄到東突厥，告訴公主：內地有彭國公劉昶與宇文氏反隋，讓公主發兵南下配合。都藍擒獲了楊欽並報告隋朝，文帝開始懷疑大義公主有反隋之心。文帝還接到報告，說公主正與西突厥的泥利可汗勾結，可能有所圖謀，於是對她更不信任。恰好，她與侍者私通一事被揭發出來，文帝借這個機會下詔廢黜了她，削為庶民，但對她仍不放心。不久，沙鉢略可汗的兒子突利可汗（名叫染干）向隋朝求婚，文帝讓大臣告訴他，只要殺了大義公主就答應。突利回去以後向都藍一再講她的壞話，都藍最後發了火，派人殺死了她。這位可憐的北周公主，在王朝更替之際遠嫁突厥，雖然為穩定邊疆發揮了一定作用，但在複雜的形勢下因舉止可疑而未得善終。

隋開皇十七年，隋朝把宗室之女安義公主嫁給染干，並允許他南遷到隋朝轄境附近，給予豐厚的賞賜，為隋朝守邊。都藍可汗為此很惱火，與隋朝關係不斷惡化，最後兵戎相見。都藍又聯合達頭可汗進攻染干，使其被迫率部到隋朝境內避難。隋軍後來擊敗了達頭可汗，拜染干為啟民可汗，並在朔州（今山西西北部）築城池，讓他們居住。

這時，安義公主已死，文帝又把宗室之女義成公主嫁給啟民。同一位邊疆民族首領兩次娶公主，在隋朝只有啟民可汗一人。不僅如此，隋朝對他及其部屬給予大力支持，一旦都藍、達頭派軍來犯就讓他率部入隋躲避。還出兵幫助他抗擊來犯之敵，所繳獲的牛、羊等牲畜都送給他們，讓他們恢復力量。啟民可汗和義成公主也十分感恩，隋大業三年煬帝楊廣巡幸北邊時，他們夫婦來到行宮朝見，前前後後獻上好馬三千匹，啟民還陪同煬帝入塞巡遊。煬帝龍顏大悅，先賞賜他們夫婦二千多匹緞，後又加賞啟民及該部酋長二十多萬匹緞。第二年，啟民病逝，其子咄吉世即位，稱為始畢可汗。始畢可汗上表請求仍娶義成公主為妻，隋朝諭令義成公主遵從突厥風俗，義成公主又嫁給始畢，雙方關係仍然較好，大業十一年始畢可汗把再次巡幸的煬帝圍在雁門，關係才惡化。幾年後，中原大亂，各地紛紛反隋，煬帝死在揚州，始畢可汗又把蕭皇后迎接過去，安置起來，盡了女婿之責。

信義公主

對於西突厥，隋朝雖然多次用兵，仍努力聯絡其中的首領，使其內向歸附，以穩定西北邊疆。隋煬帝時期，透過與處羅可汗的「和親」，雙方關係密切起來。處羅可汗的名字叫達漫，母親向氏是中原人，與西突厥的泥利可汗鞅素特勤生了達漫，泥利死後又嫁給他弟弟婆實特勤，以後與婆實特勤長期滯留長安，受到隋朝的安置和禮遇。隋朝很想利用這一層關係聯絡他，煬帝初年正趕上處羅內外交困，又知道他很想念母親，便派崔君肅前去聯絡。處羅經崔君肅曉以利害，又看到東突厥啟民可汗的變化，決定內附隋朝，派遣使者朝貢。

西元六一〇年，煬帝準備巡幸北方，召他前往朝見，汗國內有人擔心有變，他不願前往。煬帝勃然大怒，採納裴矩的建議，決定對西突厥採取分化、孤立的政策。他的部下、達頭可汗之孫射匱遣使隋朝，要求「和親」，隋朝告訴他願意扶持他為可汗，取代處羅。射匱得知後極為高興，發兵進攻處羅，處羅大敗。隋朝乘機讓他母親去勸他，講隋朝待自己如何如何好，千叮嚀萬囑咐，他才有所感悟。西元六一一年，他親自入京朝見煬帝，稱煬帝為「聖人可汗」，誠懇表示願意歸附。隨後，他的部下得到隋朝的安置，西元六一四年煬帝又把信義公主嫁給他，賜給他綵綢做的袍服一千多件和綵綢一萬多匹。此後，他們夫婦滯留中原，直到隋朝滅亡。

光化公主

隋朝還與高昌、吐谷渾兩個政權「和親」。這兩個民族、政權在當時的西北邊疆有著一定影響，尤其是在突厥不時侵擾的情況下，隋朝希望透過他們牽制突厥，達到穩定邊疆、開疆拓土的目的。高昌是十六國北朝以來西域的重要民族、政權，但與柔然、鐵勒、突厥等較大的民族、政權相比，力量仍然有限，所以或臣服於柔然，或歸附於鐵勒。隋朝建立後，高昌仍然受到鐵勒、突厥的控制，但高昌王有意連繫隋朝，提高自己的地位。西元六〇八年，高昌王麴伯雅派遣使者到隋朝，進獻土特產，隋朝對此極為重視，給予隆重接待。第二年，伯雅親自到隋朝，覲見煬帝，煬帝把宗室之女華容公主嫁給他。西元六一二年，他與公主回國後，立即下令改變「被髮左衽」的舊習俗。隋煬帝得知後非常高興，認為這一舉動「變夷從夏」，是隋朝威德遠播四方的結果，專門下詔表彰。但實際上，鐵勒仍控制著高昌，伯雅此舉僅是為了取悅隋朝，並沒有真的實施。

隋朝建立之初，吐谷渾首領呂誇曾多次發兵侵擾，均遭隋朝迎頭痛擊。西元五九一年，呂誇死後由其子呂伏即位，立即派使者上表稱臣，並進獻土特產和珍寶，還要求獻上美女。文帝接受了吐谷渾的歸附，但委婉地拒絕了呈獻美人的要求，並派人前往撫慰。西元五九六年，文帝把光化公主嫁給呂伏，雙方確立了「和親」結盟的關係。第二年，吐谷渾大亂，呂伏被殺，他弟弟伏允即位。伏允很快就派使者向隋朝報告這一情況，並要求按照當地風俗娶公主為妻，文帝諭令批准。以後，伏允每年都派使者朝貢，雙方關係較為平穩。煬帝即位後，志在西部開拓疆土，先鼓動鐵勒進攻吐谷渾，後又在兩敗俱傷之際出兵，伏允率殘部依附於党項。隋朝接管了該部的疆土，在祁連山以南、雪山（今阿尼瑪卿山）以北的數千里土地上設置了郡縣，疆域迅速擴大。隋末大亂，伏允又乘機反攻，收復了失地，並再次侵擾中原。

文成公主

唐朝時期的中國出現了空前的繁榮，在處理邊疆民族關係上也形成了一套有效的政策，與武力征伐、德化政策、羈縻府州一樣，「和親」也成為其中重要的部分。這一時期，唐王朝的統治者比以前的中原王朝、政權更認識到了「和親」的重要性，積極、主動地運用「和親」這一法寶調整與邊疆民族的關係，並且不斷提升遠嫁公主的規格，使

「和親」成為了重要的安邊之計。

文成公主和她的侍女第一，在「和親」的對象上，漢朝時只有匈奴、烏孫、龜茲和鄯善，唐王朝則與吐蕃、吐谷渾、奚、突厥、契丹、回鶻等民族的首領進行過「和親」。唐朝與邊疆民族首領「和親」的次數明顯增多，根據張正明教授的統計，《舊唐書》、《新唐書》等史書中所記載的「和親」有二十七起，從唐朝西元六一八年建立至九〇七年滅亡的二八九年間，平均十年就有一次。

在「和親」過程中，唐朝的許多公主遠嫁邊疆，如嫁與吐谷渾可汗的弘化公主，嫁給吐蕃贊普的文成公主、金城公主，永樂、燕郡、東華三位公主嫁給契丹首領，固安、東光、宜芳三位公主嫁給奚族首領，金河公主嫁給突騎施首領蘇祿，嫁給吐谷渾王子的金城和金明兩位縣主，寧國、小寧國、崇徽、咸安、太和五位公主嫁與回鶻可汗。當然，邊疆民族的首領也曾把自己的女兒嫁給唐朝王族，如肅宗時派敦煌王李承出使回鶻，表示友好並借兵鎮壓安史叛軍，懷仁可汗（骨咄祿毗伽闕可汗）把自己可敦的妹妹嫁給承。唐朝對這次聯姻非常重視，封這位回鶻公主為毗伽公主，加封承開府儀同三司拜為宗正卿，命他以毗伽公主為妃子。

第二，唐朝選派「和親」的女子的規格比較高。如果與漢朝相比的話，漢朝出嫁的都是宗室之女，後來甚至把宮女都作為「和親」的選派對象。唐朝所出嫁的多為宗室之女，如小寧國公主為榮王之女，金城公主是雍王之女、中宗的養女。還有少數幾位是少數民族將領、首領的女兒，由唐王朝加封為公主之後出嫁的，如玄宗時加封西突厥阿史那懷道之女為金河公主，嫁給突騎施的蘇祿可汗；又如僕固懷恩的女兒、孫女先後也曾嫁到回鶻，都與唐王朝對回鶻的籠絡政策有關。

值得注意的是，大唐天子還把自己的親生女兒嫁給回鶻首領，即肅宗之女寧國公主，德宗之女咸安公主，憲宗之女太和公主。當時，安史之亂硝煙未定，衰落的唐王朝尚未得到喘息之機，吐蕃已經大舉進犯。為了借回鶻之力抗擊安史亂軍和吐蕃，唐朝天子把親生女兒嫁過去，的確造成很大的作用。這與漢初就形成了鮮明的對比，儘管劉邦面臨著匈奴南侵的巨大壓力，但對於嫁長公主一事仍猶豫不決，特別呂后一哭就改變了主意，兩相比較更可見唐朝皇帝的遠見和魄力。

第三，唐朝的「和親」政策不僅是唐王朝各個時期治邊策略的一部分，在安定邊疆、開疆拓土方面發揮了極為重要的作用，也加強了中原地區與邊疆民族的經濟文化交流，密切了當時國內各民族的關係。

「和親」的政治、軍事作用

唐朝的「和親」多以懷柔、羈縻為宗旨，服務於整個治邊策略，又根據國內形勢的變化確定「和親」的對象與規格，已經成為了與邊疆民族調整關係的布達拉宮殿重要手段。唐朝初年，東突厥勢力強大，多次派軍南下，對新生的唐王朝構成了嚴重的威脅。唐武德三年，東突厥的處羅可汗還扶植隋朝齊王之子楊政道為隋王，這自然讓唐朝如芒在背。因國內尚未安定，唐高祖時期對它採取了有限退讓、積極防禦的政策，同時利用西突厥加以牽制。在統葉護可汗時期，西突厥遣使唐朝要求「和親」，高祖向大臣問計，封德彝認為可以透過「和親」實施遠交近攻之計，以威懾東突厥。高祖採納這一建議，答應了這一請求。統葉護極為高興唐貞觀元年派人進獻萬釘寶鈿金帶和五千匹馬，準備迎親。東突厥的頡利可汗對此很是憤怒，加以阻撓，還派人告訴統葉護：「你要娶唐家公主，必須從我的地盤透過。」統葉護便遲遲無法迎親，不久被部屬殺死。這次「和親」最終未能實現，但對唐王朝來說達到了「遠交近攻」的目的，太宗時期又透過政治分化和武力征討，平定了東突厥，將其一部分南遷到內地，把西起陰山、東至大漠的廣大地區收入版圖。

與薛延陀、吐谷渾、吐蕃、突騎施、奚等的「和親」，也是唐前期治邊策略的重要組成部分。這一時期，唐朝極其強大，太宗皇帝更被邊疆民族尊為「天可汗」。對於邊疆地區的少數民族，唐王朝往往是叛者伐之，順者撫之，強者抑之，弱者扶之，並且更加主動、積極運用「和親」手段調整與各民族的關係，培育各邊疆民族政權及其首領對中原王朝的「內向之心」，使他們確立和保持對中原王朝的臣屬關係。於是，邊疆各民族的首領都以與唐王朝「和親」為榮，以唐朝不答應和親為恥。「和親」對象的選擇就反映了唐王朝治邊策略的這一特點。唐朝一方面與吐谷渾、吐蕃、奚、契丹、突騎施實行了「和親」，還改封隋朝時嫁到高昌的華容公主為「常樂公主」，賜姓為李，等同於本朝的「和親」公主；另一方面，對薛延陀則是先答應後又廢除，而且長期拒絕突厥的「和親」請求。

薛延陀是鐵勒的一支，原來曾依附於東突厥，西元六二八年其首領夷男在唐朝支持下建立汗國，第二年又被唐太宗冊封為真珠毗伽可汗，勢力大增。它與唐朝維持著友好關係，但太宗怕它強盛起來，成為以後的威脅，便讓內遷的一部分突厥部族向北遷移，與薛延陀相鄰作為防備。夷男由此心生不滿，雙方關係開始惡化。貞觀十六年，夷男遣使求婚，太宗對大臣講：「北方民族世代為患，現在薛延陀又強大起來了，我覺得有兩個辦法：一是派軍消滅它，可保百年無事；二是答應『和親』，暫時羈縻，也可以在三十年內無事。」房玄齡建議：「國家初建，大亂之後滿目瘡痍，且戰事凶險，應慎重行事，所以『和親』是天下大幸。」太宗也表示同意「和親」，便答應把新興公主嫁給夷男，要求他準備厚禮迎親，還準備到靈州（治今寧夏靈武縣西南）會見他。夷男極為高興，向部下宣布：「我本來是鐵勒的小首領，天子冊封為可汗，現在又把公主嫁給我，我一定要到靈州去迎接。」而且，他不顧部下阻攔，徵集國內的大量牛、羊，親自督率著前往靈州。由於長途跋涉，牛、羊死了許多，也未按期到靈州，讓太宗等了好長時間。於是，唐朝不少大臣認為夷男不懂禮儀，聘禮也不夠多，有輕視唐天子之心，太宗便廢除了婚約，雙方關係完全惡化，接著爆發了戰爭。西元六四六年，唐朝消滅了薛延陀，並在這一地區設立府、州。

對於突厥，唐王朝一直懷有戒心，不希望它過分強大，在「和親」方面也採取冷處理的態度，避免讓它因此擴大影響、過分壯大。西突厥在統葉護可汗之後陷於內爭，可汗更替頻繁，各首領都向唐朝請求「和親」，太宗一概拒絕，還告訴他們：「你們國家戰亂不止，君臣的名分都定不下來，還來求婚？」後來，沙鉢羅咥利失可汗獻上五百匹馬，又來求婚，雖然他的父親莫賀設曾同太宗結為兄弟，他又對唐朝表示臣服，太宗仍拒絕了「和親」要求，但同時對他多加撫慰。乙毗射匱可汗當政時又向唐朝請求「和親」，太宗這次表示答應，但要求他割讓他的五個屬國——龜茲、于闐、疏勒、朱俱波和蔥嶺作為聘禮。這種要價無異於要他完全歸順唐朝，婚事也未談成，太宗以後再未見西突厥提出「和親」要求。

高宗、武則天時期，東突厥的舊部在默啜可汗統率下逐漸復興，他與後繼者毗伽可汗都注意與唐朝發展關係，他們執政的四十多年間（西元六九一至七三四年）雙方衝突較少，突厥還曾幫助唐朝平定契丹等的叛亂，總體上較為和好。默啜時期曾要求「和親」，想把自己的女兒嫁給武則天之子，武則天卻讓魏王武承嗣的兒子武延秀娶他女兒為妃子。默啜很不高興，認為這有違他嫁女給李家兒子的初衷，拘留了前去迎親的武延秀，還出兵邊境，雙方關係一度惡化。後來，他又要求把女兒嫁給皇太子的兒子，中宗即位後下詔拒絕，甚至表示能殺死默啜的就可以封為國王。睿宗時期，雙方恢復和好，默啜又請求「和親」，唐朝曾答應把宋王之女金山公主嫁給他，但不久突厥發生內亂，默啜被部下殺死，這次和親也未能實現。毗伽可汗繼默啜而立，他曾遣使表示自己願做唐玄宗之子，玄宗表示答應，但又請求「和親」時被拒絕，唐開元十三年，唐朝派袁振出使突厥，他與眾大臣一起宴請袁振，席間他極其不解地問：「唐朝與吐蕃、奚、契丹等都先後『和親』，突厥前後多次求婚，為什麼竟然不答應？」袁振回答：「可汗您既然以唐天子為父，父子之間怎能再『和親』？」他對這一回答並不滿意，表示：「『和親』的公主都不是天子的親生女兒，我們也不會問真假，要求的也並非一定是天子之女，可我們多次請求都沒答應，實在是羞見鄰近的各民族了！」

如果說唐前期國力強盛，「和親」以懷柔為主，志在開疆拓土，那麼安史之亂後的「和親」則明顯地帶有自保的性質，而且所有的七起「和親」都是與回鶻進行的，目的是借助回鶻之力平定內亂、防範吐蕃。「和親」的規格也隨之提高，有三位「天子真女」遠嫁回鶻。唐天寶十四年，安祿山起兵南下，由此開始了長達八年的「安史之亂」。唐至德元年，肅宗派遣李承、大將僕固懷恩到回鶻，請求援助。第二年，在回鶻軍隊的幫助下，唐朝收復了長安和洛陽。唐乾元元年，肅宗冊封回鶻葛勒可汗為英武威遠毗伽闕可汗，並把女兒寧國公主下嫁給他，以榮王之女為陪嫁之女。回鶻可汗又為兒子移地健請婚，肅宗又把僕固懷恩之女嫁過去，西元七五九年移地健即位，為牟羽可汗（又稱為登里可汗），唐朝冊割僕固氏為婆墨光親麗華毗伽可敦。因為「天子真女」下嫁和多次「和親」，回鶻與唐朝關係極其密切，其軍隊與唐軍多年並肩作戰，在肅宗、代宗時為平定叛亂發揮了重要作用。

安史之亂以後，吐蕃成為唐朝的嚴重威脅，為防止回鶻被吐蕃拉過去，唐王朝又一再與回鶻「和親」。唐大曆四年，唐朝又把僕固懷恩的另一個女兒冊封為崇徽公主，再嫁給牟羽可汗。唐貞元三年，移地健的從兄頓莫賀取代他成為新的可汗，派遣使者與唐朝通好，請求「和親」。德宗把第八女咸安公主嫁給他，他則表示願意向唐朝稱臣。第二年，他派人迎娶公主，並向唐朝表示：「過去回鶻可汗與唐朝皇帝是兄弟關係，現在我已經是唐朝天子的女婿，是半個兒子了。」咸安公主在回鶻生活了二十一年，先後嫁給了四個可汗。咸安公主死後，回鶻又多次請求「和親」，到唐長慶二年穆宗封第十七妹為太和公主，遠嫁回鶻。

「和親」與經濟文化交流

唐朝與邊疆民族「和親」是其治邊政策的一部分，具有明顯的政治、軍事目的，在這方面也發揮出積極作用。正如唐朝時就有人指出的：公主「和親」實際是發揮了「輔佐政事」的作用，拓寬、實現了大唐王朝「懷柔遠人」的政策。其實，「和親」公主們也意識到了自己的政治使命，如西元七五八年寧國公主出京時，肅宗送出很遠，公主淚下如雨，對父皇表示：「願以國家大事為重，即使身死異域也無遺恨！」肅宗也為之心酸落淚。父女兩人一送一位之中，既有女兒遠嫁時的父女離別之情，更有對江山社稷的無限擔憂，又反映出「和親」公主對自己使命的深刻認識。不僅如此，遠嫁的公主及其隨從們還在邊疆地區傳播了中原的文化，推動了中原與邊疆的經濟文化文流，促進了當時國內各民族的融合。下面我們就以文成公主、金城公主遠嫁吐蕃為例來看一下。

吐蕃是今天藏族的祖先，唐朝初年逐漸強大起來，贊普松贊干布聽說突厥、吐谷渾先後與唐朝「和親」，唐貞觀八年就派使者向唐朝求婚。太宗沒有答應，使者怕回去不好交代，就說是唐朝因吐谷渾挑撥才不答應的。松贊干布便派兵進攻吐谷渾，還講「如果大國不嫁給我公主，我就會繼續進攻」，接著又攻打唐朝的松州（治今四川省松潘縣），被唐軍擊敗。松贊干布很快就派使者到唐朝謝罪，並再次求婚。太宗答應把文成公主嫁給他，他又派祿東贊帶來大量的聘禮，前來迎親。西元六四一年，唐朝派送親專使、江夏王李道宗與祿東贊一起，伴送公主出長安，由西而南，前往吐蕃。松贊干布親自到黃河之源迎接，見到李道宗便行子婿之禮，非常恭敬。公主到吐蕃後，松贊干布對親信大臣講：「我的父輩都沒有與中原上國通婚的，現在我能娶大唐公主，實在是國家的大事。」還派人在瑪布日（布達拉山）建造了宮室，讓公主居住。

松贊干布時期與唐朝關係非常密切，在經濟、文化方面的交流得到加強。他在迎接公主時就讚歎唐朝的服飾之美和禮儀之周，公主入吐蕃之後不僅帶來了文成公主像華貴、豐厚的嫁妝，而且帶去為數不少的工匠，攜帶了經史、佛經、佛像和工藝、醫藥、曆法等方面的書籍，把中原地區的先進生產方式和文化傳播到吐蕃。公主還建議他廢止一些原有的風俗，他不但接受了建議，還派貴族子弟到唐朝留學，誦讀詩、書。松贊干布去世於六五〇年，此後祿東贊家族專權，唐蕃關係出現了曲折，雙方戰爭不斷。此間，文成公主雖然無法干預吐蕃政局，但在吐蕃仍受到愛戴和優待。唐永隆元年，文成公主病故，吐蕃在以後又多次要求「和親」，均未實現。

唐景龍元年，中宗把金城公主又嫁給吐蕃贊普赤德祖贊，西元七〇九年公主被迎到吐蕃，唐蕃實現了第二次「和親」。金城公主入吐蕃後，中原與吐蕃的交流與連繫進一步加強，不僅中原的絲織品和生產技術更為廣泛地傳入吐蕃，金胡瓶、羚羊衫緞、金鵝盤等吐蕃土特產傳入中原，而且還應金城公主的請求，唐朝在開元十九年賜予《毛詩》、《禮記》、《左傳》等典籍。金城公主在西元七四〇年去世，在吐蕃生活的三十多年間，還在緩解唐蕃衝突、促成雙方劃界方面發揮了積極作用。今天，藏族的傳說、壁畫和史籍中仍有許多文成、金城公主的故事，作為歷史的見證，這些又都是對唐蕃「和親」及當時內地與吐蕃經濟文化交流、國內各民族友好往來的讚美之歌！

興平公主

西元九〇七年，唐朝滅亡，中原地區出現割據混戰局面，進入五代十國時期。十世紀中葉，宋朝建立，中原地區實現了統一。在邊疆地區，仍存在著一些少數民族政權，如北方的契丹（後改稱遼）、金，西部的西夏和回鶻政權，西南的吐蕃各政權和南詔（大長和、大天興）、大理等等。其中，遼、金又長期與宋朝南北對峙，直到蒙古族建立的元朝統一全國，中國才在新的基礎上實現了空前的統一。此後，明朝取代元朝，清朝又取代明朝，相繼成為中國歷史上的統一王朝。在長達千年的歷史中，中國各個王朝、政權與邊疆民族首領之間仍然多次「和親」，這在《舊五代史》、《新五代史》、《宋史》、《遼史》、《金史》、《元史》等史籍中都有相關的記載。

從五代到元代，根據張正明教授的統計，見於各種史籍記載的和親共十六起，五代十國時期有一起。宋遼夏金元時期有十五起，明代則未見明王朝與邊疆民族的「和親」。這十六起「和親」中，漢族建立的政權與邊疆民族首領之間，即南漢的劉龑把增城縣主嫁給南詔大長和國的鄭曼的這次聯姻在五代至清朝的一千多年間極具特色，這是從五代十國、宋朝到明朝的漢族統治者對少數民族「和親」的罕見個案，又是發生在中國南方的漢族政權與少數民族政權之間，就更為少見了。其他十五起都發生在邊疆少數民族建立的王朝、政權之間，包括遼朝與西夏的三起，與回鶻的一起，與吐蕃的二起；西遼與乃蠻部的一起；西夏、回鶻與吐蕃的各一起；蒙古（元朝）與金朝、西夏的各一起，與高昌的四起。

其實，上述統計並不完全，比如遼朝也曾透過政治聯姻治理國內的邊疆民族，對於西北邊疆的阻卜族先是採取武力征服的政策，遼聖宗後期則改為安撫的策略，遼統和二十二年阻卜酋長鐵剌里來朝求婚，遼聖宗就答應了這一請求。又如，元朝給予吐蕃的款氏家族很高的地位，不僅從八思巴起不少人被封為帝師，還把這一家族的許多人封授為司徒、司空，還有人娶了蒙古公主，如恰那多吉、達欽桑波內、瑣南藏卜、貢嘎勒貝迥乃堅贊貝桑布都被封為白蘭王，娶了蒙古公主，成為元朝的駙馬。其中，瑣南藏卜既是蒙古公主所生，又娶了蒙古公主。這些聯姻顯然也屬於「和親」的範疇。

從背景和效果來看，這一時期的「和親」大致可以分為兩種情況，第一類是被動的、無奈的，往往勢力較弱的一方是在敵方大軍壓境時獻女求和，以求一時的苟安，缺少整體、長遠的策略目標，而「和親」之後強者往往繼續進攻，弱者難以逃過滅亡的命運。西夏、金朝與蒙古的「和親」就較為典型。夏大慶十二年至元太祖四年，夏應天四年，成吉思汗第三次征討西夏，前兩次由於西夏的頑強抵抗，蒙古軍只在大肆掠奪之後撤軍。西元一二〇九年，蒙古鐵騎擊敗了西夏的五萬主力軍隊，包圍了西夏的都城中興府（治今寧夏銀川市），還放水淹城。夏襄宗李安全曾向金朝求援，但遭到拒絕，無奈之下把女兒獻給成吉思汗求和，向蒙古稱臣納貢。蒙古軍隊在大肆搶掠之後撤軍，西夏暫時躲過滅頂之災，而後統治集團又陷於內爭，更無力抗擊蒙古，直到西元一二二七年最終被蒙古滅亡。西元一二一一年以後，蒙古軍隊又連續南下，向金朝發動了猛烈的進攻，攻破河北、山東九十多個郡，西元一二一三年又直逼中都（今北京），金宣宗完顏詢被迫求和，獻出衛紹王之女岐國公主、金帛和童男女，蒙古軍隊才撤走。這位公主成了成吉思汗的「公主皇后」，在他的妻子中排位第四，但這次和親也無法挽救金朝，到西元一二三四年仍被蒙古、南宋的聯軍消滅了。對於這兩次「和親」，後世也認為是得過且過的妥協之計，缺乏長遠目標，明朝初年所修的《元史》就稱西元一二〇九年為「夏主納女求和」，西元一二一三年為金主求和「奉」上岐國公主。

　　第二類是主動的、積極的聯姻，與過去漢唐時期的「和親」一樣，是各王朝、政權當時整體策略的一部分，目的多為透過聯姻加強政治、軍事上的連繫，確保本政權或統治集團的現有地位或既得利益，並志在開拓疆土。南漢與南詔的「和親」就是一個很好的例子。劉在其兄劉隱勢力的基礎上割據嶺南，西元九一七年建立了以廣州為都城的南漢政權。為鞏固自己的地位，頗費心機，南漢乾貞三年，他冊封楚王馬殷之女為皇后，意在拉近與北方強鄰楚的關係。對於西面的南詔也想加強連繫，西元九二三年，南詔大長和國的鄭派使者前來，獻上紅鬃毛的白馬，要求「和親」，而且使者自稱是皇帝鄭的親兄弟、歸仁慶侯鄭昭淳。劉心中大喜，給予隆重接待，並把劉隱的女兒增城縣主嫁給鄭。這次聯姻發生在群雄割據、混戰不休的五代十國時期，雙方都無力也不可能一統宇內，聯姻是為了聲氣而通、遠交近攻，確保雙方在當時中國南部的有利地位。

南漢與南詔的「和親」發生在中國南方，只能對局部地區產生一定影響，而西夏與遼朝「和親」是在遼、宋、夏對峙分立的情況下出現的，具有更重大的策略意義，對當時的中國局勢也產生了更大的影響。西夏在李繼遷時期採取「聯遼抗宋」的策略，利用遼、宋的矛盾發展自己。遼聖宗為了利用他對抗宋朝，也極力拉攏之，遼統和四年，宋雍熙三年把宗室耶律襄之女封為義成公主，嫁給李繼遷，還賜給他三千匹馬。西元九九〇年，遼聖宗又封繼遷為夏國王，雙方結成聯盟對抗宋朝。後來，李繼遷又暗中聯絡宋朝，力求從遼、宋矛盾中取漁翁之利。他兒子李德明即位以後，西夏利用宋、遼「澶淵之盟」後的形勢，採取同時結好遼、宋的政策，結果兩邊都對他不斷加官晉爵，以便拉攏李德明，「和親」依然是遼、夏加強關係的重要手段。遼太平六年，宋天聖七年，李德明向遼為兒子元昊求婚，遼聖宗欣然答應，兩年後元昊娶了遼的興平公主，被遼朝加封為夏國公、駙馬都尉。雙方的親密關係僅僅維持了幾年，因為西夏與遼朝管轄下的党項、吐谷渾往來，以及西元一〇三八年興平公主死去，遼朝曾派遣使者責問，雙方矛盾公開化。

遼重熙十三年前後，西夏與宋朝關係密切起來，遼、夏戰爭不斷，直到西元一〇五三年才恢復和好。此後，西夏統治集團內部紛爭不斷，與宋的關係也時好時壞，到李乾順時期（西元一〇八七年至一一三九年）才與宋朝相對和好，同時又傾向於遼朝。遼壽昌五年，李乾順在遼的支持下掌握了西夏的大權，第二年就向遼求婚，結果被遼道宗拒絕。以後，李乾順又兩次向遼求婚，遼乾統五年遼天祚帝把宗室之女成安公主嫁給他，雙方關係再度加強。這果然有利於遼、夏調整對宋、金的關係，特別是宋、夏衝突時，遼就向宋施加壓力，幫助西夏；當遼屢屢被金攻打時，西夏就予以援助，甚至在天祚帝無路可走時請他到西夏避難。西元一一二四年，在金的壓力之下，西夏才與遼斷絕關係，第二年遼朝也就走向了滅亡。

第三章　古代地域與外族入侵事件

萬國

大約西元前二十一世紀，夏族（史稱夏後氏）的首領禹及其子啟建立了夏朝，這是中國歷史上傳說中的第一個王朝。夏朝確切的疆域仍待進一步考證，現在一般認為，夏王朝的中心區域在今天山西南部、河南西部的汾水下游和伊洛地區，東疆應當包括今天河南東部、安徽和江蘇的北部、山東的全部以及河南的南部，南疆應當到達了今天長江中游的洞庭湖、鄱陽湖一帶，西疆到達了今天河西走廊地區，北疆可能到達了今天河北涿鹿。

當時的夏朝只是一個鬆散的聯盟，華夏族活動在中心區域，外圍居住著奉夏朝為宗主的眾多民族或部族集團；東部居住著被稱為「夷」的東夷部族，包括夷、萊夷、羽畎、岱畎、淮夷、島夷（或鳥夷）等等；南部生活著被稱為「三苗」的部族，由於長期與華夏族為敵，帝堯時曾把其中的一支遷往「三危」；西部有崑崙、析支、渠搜三個「西戎」之國，以及帝堯時被遷來的「三苗」的一支；北部則是被稱為「畎夷」的部族，有人認為畎夷大概就是後來的犬戎，屬於北狄民族集團。這些部族集團雖然奉夏朝為宗主，但與夏朝的關係比較複雜，據說禹在塗山（今地在何處尚有爭論，一說在安徽省懷遠縣）舉行大會時有「萬國」來參加，夏朝建立後與東夷的關係最為重要，夏後氏曾與東夷的有任氏、有辛氏進行了政治聯姻，但在前期又與東夷紛爭不斷，甚至出現被后羿部族滅國百年的「失國」時期，中期夷、夏相安無事，末期又因抵不住商湯、東夷的聯合進攻而滅亡，商朝建立。

四土

商朝是由商族（華夏族的一支）的首領商湯在西元前十六世紀建立的，是中國有確鑿可信歷史的最早王朝。商朝前期的疆域與夏朝大致相同，後期有較大擴展，被稱為「邦畿」的中心區域範圍較夏朝要大得多，範圍包括今天河北南部、河南北部和山東西部的廣大地區。邦畿之外是臣屬於商王朝的眾多的方國，這些地區在甲骨卜辭裡稱為「四土」，即「東土」、「南土」、「西土」和「北土」。考古資料和文獻都表明，商朝的疆域東達今山東濱海，南及今天江、漢、湘、贛流域，西含今陝西大部及甘肅南部，北至今河北北部和遼寧西部。

在商朝的廣大疆域內，許多地區尚未開發，仍有不少地區是荒山野林，所以更像一張由村邑、城邑、方國以及散居其間的少數民族部族構成的大網。在這個網狀疆土之中，華夏族主要生活在中心區域的村邑、城邑裡，邦畿外圍的方國就是當時邊疆的民族或部族。商朝前期的情況是：東部有符婁、伊慮、仇州、漚深、九夷、十蠻、紋身等，南方為甌鄧、損子、桂國、百濮、九菌、產裡等，西部是崑崙、狗國、鬼親、枳己、貫胸、雕題、漆齒、離丘等，北方則有空同（崆峒）、大夏、莎車、姑他、旦略、代翟、匈奴、樓煩、月氏、其龍、東胡等。這些方國中有一些可以考證出活動範圍，如九夷當為夏朝的「夷」族，活動範圍大致在今天山東、江蘇，而許多方國現在難以確知其地望，只能知道大致的方位了。

商朝後期情況有所變化，東部仍是九夷的活動地域，主要有虎方、夷方、林方等；西北和北方出現了許多強大的方國，如鬼方、系方、揸方、羌方、蜀、基方等，他們活動在今天山西和陝西北部、寧夏六盤山一帶以及內蒙古自治區河套地區，與商王朝發生過多次戰爭；南方出現了荊楚等部族。商朝後期曾與周邊各方國發生多次戰爭，西部的華夏族方國周就在這一時期逐步強大起來，西元前一〇六六年前後商朝正對東夷用兵，周武王姬發乘機向商朝都城發動進攻，推翻了商朝，建立了周朝，歷史上稱為「西周」。

王畿

西周的疆土包括西周直轄的「王畿」和諸侯國轄地兩部分。武王滅商後定都豐鎬（今西安市西南），附近的渭河平原地區稱為「宗周」；成王時期又在伊、洛河流域修建了洛邑，附近地區稱為「成周」。宗周、成周都是周天子直接統治的地區，稱為「王畿」。西周初年，武王、周公和成王鎮壓了以武庚為首的商朝殘餘勢力的反抗，征服了徐、奄等夷人方國，接著又推行了「封邦建國」的政策，大批的姬姓和異姓（主要是姜姓）貴族被分封到商人殘餘勢力集中分布區和邊疆部族居住區。相傳周初分封了七十一個諸侯國，它們的轄地和王畿就構成了西周時期的疆域：東至今天的渤海、黃海、東海之濱，南抵長江以南，西到今甘肅省，東北到今天的遼寧，影響區域則達到了今天松花江、黑龍江流域。

西元前七七〇年西周終結，周平王被迫遷都洛邑，開始了東周時代，東周又分為春秋（西元前七七〇至前四七六年）和戰國（西元前四七五至前二二一年）兩個時期。春秋之初，王畿還包括今天河南省西北部地跨黃河兩岸的大片地區，方圓六百里左右，但到後期或者分封給諸侯，或者被非華夏族占領，縮減到方圓不過一二百里的區域，比一個普通諸侯國還小。這一時期，周王室勢力衰微，諸侯國之間戰爭不斷，齊、晉等較為強大的諸侯國先後稱霸，在兼併其他諸侯國疆土的同時，又向鄰近的非華夏部族擴張。齊是東方的大國，疆土東臨大海，西至黃河，包括今天山東泰山以北的地區和河北的東南部地區。吳、越都曾是東南部的強國，吳國的疆土包括今天江蘇的大部分、上海市和安徽、浙江的一部分。越國擁有今天浙江的大部分和江西的一部分，西元前四七三年消滅了吳國之後，疆土擴大到了今天山東東南部，成為了東方的大國。楚國占有江漢、淮河流域，疆土包括今天湖北全部和河南、陝西、四川、安徽、江西五省的一部分，是春秋時期土地最為廣闊的諸侯國。秦國本來是一個小國，穆公時征討西戎各部族，拓地千里，疆域最大時東至潼關，南抵秦嶺，西到甘肅東部，北到今天陝西延安附近。晉國起初疆域狹窄，經過多年擴張，最強盛時擁有今天山西大部、河北西南部和河南西北部的廣大地區。

戰國時代，周王室的影響更為低落，周天子直轄的王畿更加小了，開始時還擁有伊洛一帶，到西元前二五六年被秦國滅亡時，王畿只有七座城邑了。與此形成對比的是，各個諸侯大國在不斷的戰爭中開疆拓土，形成了戰國「七雄」並立的局面。齊國曾與魏、楚展開爭奪，又消滅了宋國，疆土比春秋時略有擴大。楚消滅了越國、魯國，又派將軍莊蹻率軍入滇，控制了今天雲南省滇池一帶，疆土包括了今天中國南方的大部分地區。秦國侵奪了韓、趙、魏、楚之地，又兼併了義渠、巴、蜀等邊疆部族，疆土包括今天陝西全部，四川東部，甘肅東南部和山西、河南、湖北的一部分。韓擁有今天河南中西部、山西南部地區。魏國擁有今天河南東部、山西南部地區。而趙國東滅中山國，北破樓煩、林胡，疆土不斷擴大，強盛時包括今天山東一部分，河南南部和山西中部、北部，北至河套地區，還依陰山修築長城，阻擋北方游牧民族南下。燕國是戰國時興起的北方強國，擁有今天京津地區、河北北部和遼寧西南部。因此，隨著諸侯國轄地向南、西、北方向的擴展，當時的中國疆域東到大海，南至五嶺，西南到雲南滇池一帶，西抵甘肅東部，北含遼寧、內蒙古南部。總之，經過春秋、戰國時期各諸侯國的擴展，東周時代周王的王畿再加上各國的疆土，總體上比西周時期的疆土有所拓展。

西周、春秋、戰國時期，諸侯國與非華夏族的部族比鄰而居，形成了交錯分布的局面。自夏商至西周，中國逐步形成了華夏、東夷、南蠻、北狄、西戎五大民族集團。華夏族建立夏、商、周王朝，居住在「中國」。「中國」意思是「眾國之中的國家和大國」，在夏商時期是指王畿所在地，也就是當時的「天下之中」，周朝時期除了這層意思外還具有與華夏族同等的性質，比如《左傳》中出現了「中國不振旅，蠻夷入伐」的話，意思是講「華夏族不加強武備，蠻夷部族就會入侵」。其實，到西周、東周時代，華夏族的活動範圍並不僅限於中心區域，也向當時的邊疆地區遷移，特別是西周初年分封齊、魯、晉等國，就使華夏族大批地遷往當時屬於東夷、北狄的活動區域，形成了比鄰而居、交錯分布的局面。

周代的東夷主要指生活在淮河、徐泗一帶和山東半島的某些民族，包括商奄、蒲姑、徐戎、淮夷、萊夷等，是在夏商以來東部邊疆民族發展來的；南蠻包括荊蠻、越、濮等幾個系統，因為越、濮內部氏族林立，又稱為「百越」、「百濮」；西戎包括巴、蜀、氐、羌、義渠、央林、北唐、西申等等。北狄的情況較為複雜，包括兩個民族系統，一是犬戎、赤狄、白狄、長狄等，戰國時稱為胡和匈奴；另一個肅慎、貊、貉、山戎，戰國時稱為東胡。這些部族與周朝、各諸侯國的關係比較複雜，它們的轄區與華夏族的轄地時有進退，有時和平共處，有時戰爭不斷，既有周朝、諸侯國對它們的侵奪（西周時期多次對東夷、荊楚、犬戎、淮夷等進行征伐，春秋、戰國時代的晉、齊、秦等國的疆土擴大都與吞併鄰近的邊疆部族有一定關係），又有它們對周朝、諸侯國的進犯，甚至使周朝、諸侯國面臨滅頂之災，最典型的例子是西元前七七〇年西周在申侯（屬華夏族）和犬戎等的進攻之下滅亡。

九原

西元前二二一年，秦統一六國，建立起統一的秦王朝。在此後的十多年內，秦始皇派軍北擊匈奴，在河套地區設九原郡（治今內蒙古自治區包頭市西），將原來秦、趙、燕三國的長城連接起來，西起臨洮，東到遼東，綿延萬餘里，以阻礙匈奴南下；南攻陸梁地，設置南海、桂林、象郡三郡，把今天的兩廣地區和越南北部收入版圖；在西南地區控制了冉、邛等少數民族地區，開鑿五尺道，設置巴、蜀、黔中三郡。到西元前二一〇年，秦王朝已經成為擁有遼闊疆土的大帝國，它的疆域東起今天朝鮮半島北部，西至隴山、川西高原和雲貴高原；南到今兩廣地區和越南北部，北至今天的河套、陰山和遼河下游。秦朝在這樣遼闊的土地上，建立統一的國家，在中國歷史上還是第一次，這些地區也構成以後歷代中原王朝疆域的主體，成為中國統一的基礎。

秦帝國的疆土之內，華夏族是主體民族，在邊疆地區生活著眾多的民族或部族，東北是夫餘、貉、朝鮮、真番，東南仍是百越的活動區域，西南則為巴、蜀、滇等部族。在秦帝國之外，當時中國的北部是強大的匈奴，河西走廊聚居著烏孫、月氏等部族，西域分布著幾十個以綠洲為聚居中心的小國，青藏、雲貴高原上則生活著一些羌人部落，他們及其政權並未被秦朝征服。

南蠻北狄

西元前二〇六年，劉邦建立了漢王朝，此後四百多年間因新莽的出現而分為兩個時期，即西元前二〇八年至西元九年的前漢（西漢）和西元二五年至二二〇年的後漢（東漢）。漢朝建立之初，轄境比秦朝極盛的疆域有所縮減，主要是南部、東南部出現了獨立的南越、東甌、閩越政權，北方的河套地區又被匈奴奪走。漢武帝時大力開拓疆土，建立了比秦帝國更為龐大的漢帝國，此後漢朝的疆域又有所變化：

東北邊疆。武帝時用兵衛氏朝鮮，在今天朝鮮半島上設立了真番、臨屯、樂浪、玄菟四郡。東漢時因馬韓、貉的壓力，被迫放棄了玄菟郡的全部和樂浪郡的一部分，轄地大大內縮。

東南邊疆。武帝時解散了今天浙江南部和福建的東甌、閩越政權，把越人遷往江淮地區，這一地區幾乎成了無人區。對於南越，武帝在西元前一一一年（漢元鼎六年）派軍征討，在其舊境設立了儋耳、珠崖、南海、蒼梧、鬱林、合浦、交趾、九真、日南九個郡，其中儋耳、珠崖兩個郡在海南島上，南海、蒼梧、鬱林、合浦四郡在今天的兩廣地區，交趾、九真、日南三個郡在今天越南境內。漢朝在這些地區的統治並不十分穩固，到漢初元三年儋耳、珠崖兩郡都被撤銷。

西南邊疆。巴、蜀之地是漢高祖劉邦建立漢朝、統一全國的基地，武帝時期又成為向西南開拓的前沿。漢建元六年，武帝派唐蒙出使蜀郡以南的夜郎，接著在那裡設立犍為郡，治所就在今天四川省宜賓市的西南。漢元鼎五年，武帝在犍為郡的且蘭部族居住區設立了柯郡，而後又把邛都、白馬、冉、、滇等部族都納入漢朝統治，在四川西部和雲貴高原上設立了越、沈黎、汶山、武都四郡。漢元封二年，滇王歸附漢朝，而後設立益州郡，治所就在今天雲南省晉寧縣的境內。漢建武二十三年，益州以西的哀牢夷歸附東漢，據說該部的轄地東西有三千里，南北有四千六百里。明帝時期（西元五八至七五年），東漢王朝在這一地區設立永昌郡，治所在今天雲南保山市的西北。這樣，漢朝的西南邊疆不僅包括了雲貴高原的全部，而且包含著今天緬甸的東部地區。

西北邊疆。河西、西域地區漢初曾受到匈奴的威懾和控制，武帝時期出於聯合西域諸國打擊匈奴的需要，派張騫出使西域諸國，後來還把公主嫁到烏孫，透過「和親」與西域的烏孫等國建立連繫。與此同時，武帝在漢元狩二年出兵河西，這裡的匈奴部族紛紛歸降，漢朝接著在今天的蘭州修築了軍事重鎮金城，把西部邊疆擴展到了河西地區。隨著形勢的變化，特別是匈奴的分裂與衰弱，漢與西域各國關係的日益密切，漢神爵二年，漢朝在西域地區設立了西域都護，治所在烏壘城（今新疆輪台縣野雲溝附近）。西域都護既是漢朝的軍事駐防區，又是一個特別行政區，管轄著包括玉門關、陽關以西的天山南北，直至今天巴爾喀什湖、費爾干納盆地和帕米爾高原以內的廣大地區。這一地區最初有三十六國，後來發展為五十國，漢朝一般不干預它們的內部事務，但掌握著它們的軍事、人口等情況，都護代表漢王朝掌管著它們的軍事、外交權，可以調動它們的軍隊，必要時還可以直接廢立它們的君主，甚至取消一個國家，因此這一地區已成為漢朝西北邊疆的一個組成部分。東漢初年，由於匈奴的侵擾，西域諸國與東漢朝廷「三絕三通」，特別由於班超、班勇父子的經營，東漢恢復了在西域的統治，漢延光二年改西域都護為西域長史，繼續對西域行使管轄權。

北部邊疆。匈奴在秦漢之際強大起來，先奪回河套之地，西漢初年又頻繁南下，漢朝北疆烽火時起。在著名的平城之圍之後，西漢朝廷放棄對匈戰爭政策，以「和親」求邊疆穩定，但效果並不顯著。武帝時期，西漢國力強盛，多次出擊匈奴，迫使匈奴北遷，而且控制了陰山以南地區，雙方關係發生重大變化，北部邊疆開始相對穩定。後來，由於漢朝、烏孫等的打擊和國內部族的反抗以及天災的影響，匈奴陷於分裂，出現了五單於並立的局面。漢甘露元年匈奴的呼韓邪單於率部降漢，受到漢朝的禮遇。從此，匈奴的疆土歸於漢朝的版圖之內，匈奴原來所轄的貝爾加湖、阿爾泰山及其以南地區就成為了漢朝的北部邊疆。

總之，漢朝在最強盛時的疆域東北包括今天朝鮮半島北部，東臨大海，南到今天海南島和越南北部，西南包含哀牢夷地區，西北到達河西走廊和西域地區，這一疆域在某些地區、一定時期又有所變化。由於漢朝的強大及其深遠影響，中國的主體民族——漢族也在漢朝形成，華夏族在漢朝以後被稱為了「漢族」，並且分布在內地和邊疆，與邊疆地區的許多民族共同生活在這片中華土地上。當時邊疆地區的民族，東北和北方主要有、沃沮、高句麗、烏桓和匈奴，東南主要是被稱為「蠻」和「百越」的眾多部族，西南包括冉、夜郎、都、邛都、滇、哀牢等西南夷，西部和西北主要是氐、羌和西域的烏孫、樓蘭、龜茲、姑師等各國。

五胡亂華

西元二二〇年至五八九年，中國歷史進入三國兩晉南北朝時期，這是一個大分裂、大融合的時期。西元二二〇年起，原來漢帝國的疆域內形成了魏、蜀漢、吳三國鼎立的局面，西元二六五年司馬炎建立的西晉取代了魏，西元二八〇年重新實現了全國的統一。西元三一七年，西晉在北方少數民族的進攻下滅亡，短暫的統一宣告結束，中國境內由此長期處於分裂割據狀態。在中國南部，西元三一六年司馬睿在建康（今江蘇省南京市）稱帝，重建了晉王朝，史稱「東晉」，直至西元四二〇年被劉宋取代。與東晉大體同期，在中國的北方、西北方和西南地區有漢族、匈奴、鮮卑、羯、氐、羌等民族建立的十多個國家，史稱「十六國時期」。西元四二〇年，劉裕建立宋代替了東晉，此後至西元五八九年在中國南方先後出現齊、梁、陳，歷史上稱為「南朝」。西元四三九年，北魏統一了中國的北方地區，而後又經歷了北魏、西魏、北齊、北周，歷史上稱為「北朝」。到西元五八一年，楊堅建立的隋取代了北周，西元五八九年消滅了陳，結束了南北朝的對立，也結束了長期的分裂局面。

這三百七十多年間，最值得注意的是，雖然中國境內的王朝、政權既有漢族建立的，也有少數民族建立的，但都以「中華正統」自居，大多以統一全國為己任。三國時期，魏、蜀、吳鼎立，又都把秦漢時的中國疆域視為自己應當管轄的範圍，力圖打破牽制、平衡的格局，實現全國範圍內的統一，魏、蜀尤其如此，劉氏建立的蜀漢政權更是多次北伐、力圖統一；西晉以所謂的「禪讓」的辦法從曹魏手中取得江山，而滅亡西晉的匈奴族首領劉淵則表示自己是漢朝劉氏的外甥，更有資格成為「中華正統」的繼承人，他祭祀漢朝的高祖劉邦、文帝劉恆、武帝劉徹、光武帝劉秀、昭烈帝劉備等皇帝，以表明自己的正統地位。南北朝時期，南方的漢族政權以「正統」自居，不斷北伐，力圖收復故土家園；北方的北魏、東魏、西魏等政權也不甘心居於「夷狄」的地位，在政治、經濟、文化等方面與漢族政權區別不大，也強調要統一「戎」和「華」。這表明了這一時期的特點，即民族融合加速，「中華一體」觀念深化，分立階段各政權力圖統一，統一王朝則希望維護統一。在這一大前提之下，隨著形勢的變化，這一時期的中國疆域在漢帝國疆土的基礎上也有所盈縮：

◆ **統萬城城牆遺址東北邊疆**：東漢末年公孫度割據遼東、樂浪、玄菟三郡，西擊烏丸（又稱烏桓），東伐高句麗，自立為遼東侯、平州牧，把遼東郡分為遼東、遼西、中遼三郡，還渡海占據今天山東半島的部分地區設立營州刺史。公孫度死後，他的兒子公孫康即位，又在朝鮮半島上繼續向南發展，在樂浪郡以南設立了帶方郡，治所就在今天朝鮮黃海北道的沙裡院以南。此後，公孫恭、公孫淵相繼統治這些地區，直到西元二三八年被曹魏政權消滅。曹魏在公孫氏統治的地區設置了平州，統領遼東、樂浪、玄菟、帶方四郡，又設置東夷校尉掌管東北地區夫餘、高句麗等部族的事務。西晉時期，這些地區仍在中原王朝的統治之下。十六國和北朝時期，朝鮮半島南部的馬韓奪取了帶方郡，高句麗、鮮卑等少數民族也建立了自己的政權，中原王朝在朝鮮半島上設立正式政區的歷史至此結束。隨著高句麗的強大，遼東、玄菟、樂浪三郡都成為其轄地，後來還從北魏奪取了遼水以東地區，成為當時中國東北地區強大的邊疆民族政權。

◆**東南、南部邊疆**：東漢三國之際，今天的廣西東部、廣東和越南北部、中部地區為交州之地，在士燮兄弟的控制之下，西元二一〇年至二二六年孫權利用他們統治著這一地區。西元二二六年以後，孫吳對交州實行直接管理，曾把交州劃分為交州和廣州，還在海南島上設立了珠崖郡。西元二八〇年，西晉滅吳，繼續管轄交、廣兩州。西元三一七年以後，東晉和南朝的宋、齊、梁、陳繼續統治這些地區。當然，從東漢末年至南朝時期，由於林邑的興起和北侵，交州南部的日南郡被林邑逐步侵吞，孫吳、東晉、南朝的疆土也由漢朝強盛時的北緯一八度線逐漸退縮到北緯一四度線。此外，孫吳政權對台灣的經營也值得關注。吳黃龍二年孫權派將軍衛溫、諸葛直率軍萬人渡海前往夷洲，歷時一年左右，百分之八十以上的士兵不服水土，因疾病、瘟疫而死，返回時從那裡帶回了一千多夷洲人。夷洲就是今天的台灣，儘管孫吳政權沒有在台灣設置郡縣，但增加了內地對台灣的瞭解。

◆ **西南邊疆**：在三國時期，今天的四川西南、貴州西部和雲南稱為「南中」，在蜀漢的統治之下。孫吳政權對這一地區也虎視眈眈，幾度與蜀漢展開爭奪。為控制西南邊疆，穩固後方，蜀漢極力經營南中，諸葛亮率軍征討，對於在南中各部威望很高的大姓孟獲七擒七縱，終於平定了南中，而後設立建寧、雲南、興古等郡，任命官吏，發展生產，進一步穩固了西南邊疆。西元二六三年曹魏滅蜀漢，西元二六五年西晉取代曹魏，這一地區又成為曹魏、西晉的西南邊疆。晉泰始七年，西晉設立寧州，管轄原來益州的建寧、雲南、興古三郡和交州的永昌郡，西元二八二年又撤銷寧州建制，四郡統歸益州管轄，並設南夷校尉掌管南中少數民族事務。晉太安元年，西晉重新設立寧州，南中地區歸該州管轄。西晉末年，李特、李雄建立的成漢控制了西南地區，南中也是這一政權轄區的一部分。三四七年，成漢被東晉滅亡，此後南中地區始終在東晉、宋、齊的管轄之下。梁武帝時期發生侯景之亂，當地官吏奉命率軍救援建康，當地大姓乘機脫離梁朝，此後南朝無法在南中維持統治了。

◆ **西北邊疆**：曹魏政權在東漢之後繼續管轄雍州西部、涼州以及西域地區，平息了各地方勢力的叛亂，派官吏管理雍州、涼州各地，又設置戊己校尉、西域長史府管理廣大的西域地區。西晉時期，在雍、涼兩州之地又增設秦州，在西域仍設戊己校尉和西域長史府，行使有效的行政管轄。十六國時期，西北邊疆地區出現了前涼、後涼、南涼、西秦、北涼、西涼等政權。北魏太延五年，北魏滅北涼，而後北魏、西魏、北周在這些地區建立統治，但西元四六〇年高昌在今天吐魯番盆地地區獨立建國，直至西元六四〇年才被唐朝消滅。

◆ **北部邊疆**：三國初期南匈奴遷入今天山西北部，河套和大漠南北是鮮卑等民族的游牧之地，曹魏、西晉初年的北部邊疆大致在今天六盤山、黃河、呂梁山、桑乾河一線。八王之亂以後，北方的匈奴、氐、羯、鮮卑、羌、烏桓等紛紛內遷，而後建立了自己的政權。在當時的北部邊疆，鮮卑拓跋部建立的代國、匈奴鐵弗部建立的夏國統治著今天的內蒙古、山西北部、寧夏和大漠南北，疆土比東漢後期、曹魏和西晉都有所擴展，北魏統一北方以後繼續統治著這些地區。東魏、西魏和北齊、北周分立時期，柔然、突厥等先後興起於北方，控制了大漠南北的廣大地區，中原政權的北部邊疆地區有所退縮。

三國兩晉南北朝是當時中國境內民族大融合的時期，北方地區有不少邊疆民族遷到內地，建立了自己的政權，西晉就是被漢化了的匈奴人劉淵滅亡的，再加上十六國時期的政權多數為匈奴、氐、羯、鮮卑、羌所建，所以帶有大漢族主義情結的舊史家稱之為

「五胡亂華」。其實，這一時期內遷的邊疆民族並不止這五個，而且仍有許多民族生活在邊疆地區，東北邊疆有高句麗、勿吉、夫餘等，東南邊疆有遍布今天福建、浙江、江西等的山越和夷洲的各民族，西南邊疆有氐、叟、昆明、濮等民族，西北、北部邊疆有匈奴、烏桓、鮮卑、柔然、突厥以及西域地區的龜茲、鄯善、高昌等部族。

隋朝邊郡

隋朝在短短的三十多年間消滅南方的陳，又多次用兵邊疆，在遼闊的疆土上建立了統治，其陸地疆域東北到今天遼寧西部，東至大海，南抵今海南島和越南北部，西南包括今天雲南、四川、貴州部分地區，西到今天新疆的且末縣和羅布泊一帶，北達今蒙古的南部。

在東北，隋朝設置了遼東、燕、柳城等郡，管轄著今天遼寧西部和河北東部地區；奚、室韋、等部族都臣屬於隋朝，不斷朝貢；與高句麗則發生多次戰爭，隋大業十年高句麗王遣使求和，隋朝穩定了東北邊疆。

在東南，隋朝繼陳朝之後對今天江、浙、閩等省沿海地區進行管轄，隋煬帝時派羽騎尉朱寬到達流求，因語言不通而返，雖未設郡縣，但與三國時孫吳派軍到夷洲一樣，有助於加強大陸與台灣的連繫。

在南部，由於嶺南冼馮家族特別是俚族首領冼夫人的支持，隋朝滅陳後將嶺南納入版圖，而且在海南島設置珠崖、儋耳、臨振三郡，對該島實行了有效管轄；隋朝滅了今天越南中部的林邑國，設置了沖、農、蕩三州，後改為比景、象浦、海陰三郡，把最南的疆土拓展到西漢日南郡之南。

在西南，隋朝設置犍為、越、三郡，管轄著今天雲南、貴州、四川的大片地區。在西北，隋朝滅吐谷渾，又與突厥展開爭奪，先後設置了河源、西海、鄯善、且末、敦煌、伊吾等郡，管轄著東起青海湖、西至塔里木盆地、南依崑崙山脈、北至庫魯塔格山脈的廣大地區，把今天青海、甘肅、新疆的部分地區納入版圖，而當時西域的廣大地區仍在西突厥的控制之下。

在北部，東突厥控制著今天蒙古高原和貝加爾湖地區，隋朝則在今天的寧夏、內蒙古地區設置了靈武、朔方、五原、榆林等郡。

在隋朝遼闊的邊疆，生活著許多少數民族，東北邊疆有奚、契丹、室韋、等民族，其中奚、室韋都分為五部。高句麗也是當時中國東北地區的邊疆民族政權，它管轄著今天遼河以東直至朝鮮半島北部的大片地區，與隋王朝發生過多次戰爭。在東南、南部邊疆，流求（今台灣）有少數民族生息、繁衍，今天廣西的各族隋初被稱為「蠻」，嶺南地區（含海南島）的少數民族或稱為蠻，或稱為俚，或稱為僚。在西南邊疆，白蠻、烏蠻、河蠻等「蠻」族生活在今天的雲南地區，今天青海、西藏地區則有吐蕃、吐谷渾等民族。在北部、西北部邊疆，強大的突厥成為隋朝的嚴重威脅，西北邊疆還有西域的龜茲、高昌、于闐、疏勒等部族政權。

都護府

西元六一八年，李淵（即唐高祖）稱帝，建立唐朝，此後透過太宗李世民、武則天和玄宗李隆基一百多年的開疆拓土，在世界的東方形成了疆域空前廣闊的大唐帝國。在最強盛的時期，唐帝國的疆土東北至黑龍江、外興安嶺一帶，東到大海，包括台灣島及其附屬島嶼；南及南海，包括今天越南的北部和中國的海南島及所屬南海島嶼；西至鹹海，西北到巴爾喀什湖以東以南地區，北達貝爾加湖。這一疆域超過了西漢鼎盛時的版圖，使唐帝國成為當時世界上版圖最大、勢力最強的封建大帝國。在遼闊的邊疆地區，唐朝設立了安東、安南、安北、單於、安西、北庭六大都護府進行有效的管轄。

◆ **東北邊疆，設安東都護府**：唐朝曾用兵高句麗，冊封契丹、奚、室韋、等民族的首領，唐總章二年設安東都護府，管轄著今天遼寧、吉林南部、黑龍江下游和朝鮮半島一帶。唐朝對東北的經營具有重要意義，正如馬大正教授所指出的：這「使勒拿河流域以東地區成為中國疆域的一部分，特別是大興安嶺南北和黑龍江、烏蘇里江、鴨綠江流域成為中國疆域的一部分」。

◆ **南部邊疆，設安南都護府**：唐武德五年，唐朝改隋朝的交趾郡為交州總管府，不久又改為交州都督府，唐調露元年又改為安南部護府，唐至德二年再改為鎮南都護府，西元七六八年改為安南都護府，管轄著今天廣西、廣東、海南、雲南東南部和越南的中、北部地區。

◆ **北部邊疆，設安北、單於兩都護府**：唐朝平定東、西突厥，與回紇建立了密切的連繫，把北部疆土拓展到北起安爾加河，東抵額爾古納河流域，西至巴爾喀什湖，南鄰居延澤的廣大地區。在這一地區，唐貞觀二十一年設置了燕然都護府，唐龍朔三年移往大漠以北，統領漠北各州府，並改名為瀚海都護府，西元六六九年又改名為安北都護府。西元六六三年，又設雲中都護府，第二年又改名單於都護府，管轄著今天內蒙古中、西部地區，唐高宗末年由於後突厥的興起而對這一地區失去控制。

◆ **西北邊疆，設安西、北庭都護府**：太宗時期，唐王朝多次用兵西北，征討西突厥，降服吐谷渾、高昌、焉耆、龜茲，使今天的青海、甘肅、新疆地區歸於唐朝的統治之下。唐貞觀十四年，在高昌（今新疆吐魯番）設安西都護府，統轄安西的龜茲、疏勒、于闐，碎葉四鎮，管轄著今天新疆和中亞的大片地區。武則天時，把安西都護府移往龜茲，管轄天山南路直到鹹海的廣大地區；又設北庭都護府，統轄天山北路東起巴裡坤湖、阿爾泰山，西至鹹海的廣大地域。安史之亂之後，唐朝國力衰弱，安西都護府的轄區退到蔥嶺以東，北庭都護府之地被吐蕃奪去，唐朝的西北邊疆大大內縮。

唐帝國的疆域如此廣闊，但唐王朝並沒有同時管轄過這樣的範圍，而且到達最遠點的時間也是短暫的，比如唐朝僅僅在西元六六一年至六六五年的四年間控制了碎葉以西至鹹海的廣大地區，但那時還沒有滅掉高句麗，東部邊疆還在遼河一線。唐朝中期以後，大食的侵占使唐朝喪失了蔥嶺以西的疆土，吐蕃的爭奪和南詔、渤海、回紇（西元七八八年起改譯為「回鶻」）的興起也使唐朝疆土內縮，六大都護府也被迫撤並或者內遷。這些邊疆民族政權同唐朝的爭奪與大食的侵占有本質的不同，因為這些政權都是當時中國的一部分，它們與唐朝疆土的進退得失都是當時中國內部不同政權的領土變動，而大食的東侵則使當時的中國喪失了大片土地。當時，吐蕃控制著今天的青藏高原，後來從唐朝奪取了河西走廊和西域大部分地區；南詔控制著今天中國的雲南和緬甸、越南的一部分，渤海控制著今天的中國東北北部、朝鮮北部和俄羅斯遠東部分地區，回紇控制著蒙古高原，這些地區與唐朝的疆土共同構成了當時中國的疆域。

唐朝時期，生活在中國邊疆地區的少數民族，東北、北部邊疆有突厥、回紇、室韋、靺鞨、契丹、奚、高句麗等民族，東南和南部地區是俚、僚各族，西南邊疆則是南詔、吐蕃，西北地區為吐谷渾和西域的高昌、龜茲等國。

五代十國

朱溫像九〇七年，朱溫自立為帝，建立後梁。唐王朝滅亡，五代十國開始。後梁統治著黃河中下游、淮河以北和今天湖北的大部分地區，這一地區在九二三年至九六〇年間相繼由後唐、後晉、後漢、後周統治。後晉時期，「兒皇帝」石敬塘把燕雲（薊）十六州割讓給契丹，這一地區以今天的北京市和山西大同市為中心，西起山西省神池縣，東至河北遵化市，北起長城，南至天津市和河北省河間、保定市以及山西省繁峙、寧武縣一線，此後近一百年間就在契丹（後改稱遼）的管轄之下。同一時期，在中國的南部和山西地區，先後出現了吳、南唐、吳越、閩、南漢、前蜀、後蜀、荊南（南平）、楚、北漢十個割據政權。

西元九六〇年，趙匡胤建立宋朝，取代了後周，史稱「北宋」。此後近二十年間，北宋消滅了吳越、南唐、南漢、荊南、北漢等政權，到西元九七九年完成了在五代十國範圍內的統一。宋朝的疆域與盛唐時已不可同日而語，未超出唐末五代十國舊疆，北部在今天河北、山西中部一帶與遼對峙，儘管一直努力收回後晉割讓的燕雲十六州，卻長期無法如願，直到西元一一二三年才勉強成功，但西元一一二七北宋也滅亡了。東、南瀕臨大海，南部因丁部領在今天越南北部建立大瞿越，宋朝的南疆較唐朝大大內縮；值得注意的是，宋王建塑像朝時把一部分居住在流求的民族稱為「昆舍邪」，澎湖隸屬於福建路的泉州晉江縣，並修建營房，派駐軍隊屯墾。西南以今成都平原、貴州西部與吐蕃、大理毗鄰，西北以陝西橫山、甘肅東部、青海湟水流域與西夏、吐蕃相鄰。西元一一二七年，北宋被金朝滅亡，趙構建立南宋，與金最初以黃河為界，西元一一四一年宋金議定東以淮河、西以大散關為界，而南宋的南部、西部與北宋相比沒有發生變化，直到西元一二七九年被元朝滅亡。

電子書購買

國家圖書館出版品預行編目資料

中國古代民族與人物史：讓皇帝含淚和親、歐洲人嚇到吃手手，北狄、西戎、南蠻、東夷，超過 60 支剽悍民族超詳解！ / 趙惠玲著 . -- 第一版 . -- 臺北市：崧燁文化事業有限公司，2023.03

面；　公分

POD 版

ISBN 978-626-357-135-8(平裝)

1.CST: 邊疆民族 2.CST: 民族史 3.CST: 中國

639　　　112000519

中國古代民族與人物史：讓皇帝含淚和親、歐洲人嚇到吃手手，北狄、西戎、南蠻、東夷，超過 60 支剽悍民族超詳解！

臉書

作　　者：趙惠玲

發 行 人：黃振庭

出 版 者：崧燁文化事業有限公司

發 行 者：崧燁文化事業有限公司

E-mail：sonbookservice@gmail.com

粉 絲 頁：https://www.facebook.com/sonbookss/

網　　址：https://sonbook.net/

地　　址：台北市中正區重慶南路一段六十一號八樓 815 室

Rm. 815, 8F., No.61, Sec. 1, Chongqing S. Rd., Zhongzheng Dist., Taipei City 100, Taiwan

電　　話：(02) 2370-3310　　　**傳　　真**：(02) 2388-1990

印　　刷：京峯彩色印刷有限公司（京峰數位）

律師顧問：廣華律師事務所 張珮琦律師

定　　價：360 元

發行日期：2023 年 03 月第一版

◎本書以 POD 印製